U0560112

细说中国史

盛世万象之唐朝

兰　星◎编著

团结出版社

图书在版编目（CIP）数据

盛世万象之唐朝 / 兰星编著. -- 北京：团结出版
社, 2024.1
　　（细说中国史）
　　ISBN 978-7-5234-0315-0

　　Ⅰ.①盛… Ⅱ.①兰… Ⅲ.①中国历史—唐代—通俗
读物 Ⅳ.①K242.09

中国国家版本馆CIP数据核字(2023)第139442号

出　版：团结出版社
　　　　（北京市东城区东皇城根南街84号　邮编：100006）
电　话：（010）65228880　65244790（出版社）
　　　　（010）65238766　85113874　65133603（发行部）
　　　　（010）65133603（邮购）
网　址：http://www.tjpress.com
E-mail：zb65244790@163.com（出版社）
　　　　fx65133603@163.com（发行部邮购）
经　销：全国新华书店
印　刷：三河市金兆印刷装订有限公司

开　本：710毫米×1000毫米　16开
印　张：12
字　数：200千字
版　次：2024年1月　第1版
印　次：2024年1月　第1次印刷

书　号：978-7-5234-0315-0
定　价：39.80元

序　言

　　中国是一个拥有悠久历史和灿烂文明的国度，中国作为世界上最古老的文明古国之一，拥有着灿烂辉煌的文化和悠久的历史传承。从五雄争霸之春秋到军阀混战之民国，中国历史如同一幅波澜壮阔的画卷，展现了数千年的辉煌与沧桑。

　　历史的巨轮滚滚向前，在人类历史的长河中，中国历史起着十分重要的作用，并具有其独特的历史地位。这不仅体现在其悠久的历史传承上，更在于它对人类文明的发展产生的深远影响。中国历史可以追溯到数千年前。在这漫长的历史长河中，中国经历了历朝历代的更迭，从夏朝的建立到清朝的灭亡，每个朝代都有其独特的政治、经济、文化等特色。这些朝代的兴衰变迁，不仅是中国历史的重要组成部分，更是人类文明发展的重要见证。

　　这部《细说中国史》系列丛书旨在为读者呈现一幅全面而细致的中国历史图景。以通俗易懂的语言，结合丰富的史事，尽力做到还原历史原貌。

　　另外，历史各期的政治制度、经济发展、科技创新、文化艺术等方面都有着丰富的内涵和独特的魅力。通过了解这些，读者可以更好地理解中国的现代化进程，以及中国历史在世界历史舞台上的地位和影响力。

　　同时，本系列丛书也将关注历史背后的社会背景和文化传承；探讨源远流长的中国文化，如儒家、道家、佛教等思想流派的兴起与传承；展示中国科技的辉煌成就，如四大发明、丝绸之路的开辟等。

　　本系列丛书可以让读者穿越历史的时空，追溯历史的起源，探索历朝历代的荣辱兴衰，感受历史人物的悲欢离合，并寻找历史规律，从而以史为镜，正己衣冠。

总之，衷心希望这部《细说中国史》系列丛书能帮助读者更好地了解中国的历史和文化，并感受其独特的魅力。

　　由于历史的复杂性和多样性，这部《细说中国史》系列丛书难以涵盖所有方面，不免挂一漏万。同时，历史研究也在不断发展和更新，我们将尽可能参考最新的学术研究成果，尽量做到准确且客观地叙述。期待读者在阅读过程中提出宝贵的意见和建议，诚挚感谢。

目 录

第一章　踏上艰难创业路

在隋朝末年农民起义的沉重打击下，很快，盛极一时的隋朝就陷入了风雨飘摇中。全国各地的官僚豪强等纷纷起兵反叛隋朝。公元617年，镇守太原的李渊也以"废昏立明""安定隋室"为旗号，在晋阳（今山西省太原市晋源区）宣布起兵。随后，李渊率领大军向关中进军，踏上了艰难的创业路，终于在公元618年建立了大唐王朝。

李渊起兵建唐朝

唐高祖李渊与隋炀帝是亲姨表兄弟，说起来也是非常近的亲属关系了。可是，当这亲情遇到权力的时候就会变质。纵观历史，为了权力，父子反目成仇、兄弟相互残杀的例子并不少见。

李渊出生在一个贵族家庭，家室十分显赫。他的祖父名字叫作李虎，西魏八大柱国之一。李虎因功升宁朔将军、屯骑校尉，后平叛有功升为左厢大都督，于西魏大统三年（537）受封陇西郡公，死后又被追封为唐国公。李渊的父亲李昺继承了唐国公的封号，北周时曾经任柱国大将军。李渊在7岁的时候就承袭了唐国公。

李渊年轻时，性格爽朗豁达，待人接物宽厚仁慈，有容人之量，所以李渊在当地的威望比较高。再加上，他迎娶了当时隋朝贵族窦毅的女儿，亲姨母又是隋文帝时期的后宫之主——独孤皇后，因此，李氏家族在当地有着显赫的地位。可是，后来李渊的为官之路就不太顺畅了。因为他受表兄隋炀帝的猜忌，所以李渊在接连担任过好几任的刺史与郡守之后，就没有再继续升迁。当各地纷纷爆发起义，隋朝陷入动荡中时，李渊也开始悄悄地为自己进行打算——等待时机。

公元617年，隋炀帝任命李渊为太原留守，也就是当地最高长官。太原是一个非常重要的咽喉要地，而且那里的部队实力十分强大，粮草也比较充足。所以，隋炀帝还任命他的心腹王威与高君雅为副留守，对李渊进行监视，以防其有不轨之心。

在这种情况下，李渊为了迷惑隋炀帝，就假装整天沉湎于酒色，丝毫不理政事。实际上，他暗暗地招兵买马，收纳叛军，培养其势力。李渊让大儿子李建成与四儿子李元吉留在河东，让他们积极主动地与各路英雄好汉结交；将二儿子李世民留在身边，命令他秘密地搜罗人才，为李家后来的起兵反隋奠定了坚实的基础。

那个时候，很多触犯了刑律的官员以及为了逃避征役的英雄好汉，都相继来到了太原地区投奔李渊。李渊将他们都收到帐下，并且委以重任。比如刘文静，他原本是晋阳县令，由于和瓦岗军头目李密有亲属关系，因此受到了牵连，不仅被罢官免职，而且还被抓捕入狱。李世民发现刘文静非常有才，就亲自前往牢狱中对他进行探视。结果，这两个人第一次见面就情投意合，在牢狱中共同拟定了招兵买马、向关中进军、直捣长安、创建帝业的伟大计划。担任晋阳宫副监之职的裴寂则是被重金收买过来的。除此之外，长孙顺德、刘弘基、窦琮、殷开山、刘世龙、刘政会或因为逃避政役，或因为触犯刑法，或因为其他原因都在投入李渊麾下之后得到了重用。

公元617年2月，马邑（今山西朔州市）人刘武周公然将太守王仁恭杀掉之后，起兵反叛隋朝，自立为天子。他还与突厥联络，率领大军南下，拿下了雁门关，占领了汾阳宫，对太原造成了严重威胁。于是，李渊以抗击突厥为由，公开地大肆招兵买马，没多久就集结了上万人。李渊的这种行为很自然地让王威与高君雅产生了怀疑。于是，他们在慎重地商讨之后，决定将李渊杀掉。他们打算趁着李渊前往晋祠祈雨的时候，让担任晋阳乡长之职的刘世龙率军埋伏，然后找机会动手。然而，让他们想不到的是，刘世龙早已经被李渊收买了，所以李渊很快就知道这个阴谋。于是，李渊就先下手为强，将隋炀帝的这两个眼线给除掉。

公元 617 年 5 月，晋阳城中一场密谋正在悄悄地进行着。15 日早上，李渊将王威与高君雅传召过来，一起商讨军政大事。这两个人来了之后刚坐下，突然开阳府司马刘政会进来，说自己有非常机密的事情要上报。李渊命令王威将状子接过来，但刘政会却拒绝给，并且声称自己状告的人就是副留守，要亲自交到李渊的手上。李渊见此故意装作非常惊讶的样子，说道："怎么可能会有这样的事情呢？"一边说，一边将状子接了过来，并且大声地念道："王威与高君雅定下阴谋，想要引突厥之兵前来进犯。"李渊还没有念完，高君雅就非常愤怒地站起来，高声怒骂道："这简直就是恶人先告状，明明是想要造反的人要将我们除掉！"边说边向门外走去。这个时候，事先埋伏在外面的伏兵一拥而上，把他们两个人抓了起来。

巧合的是，第二天，突厥军队忽然来到了城下。如此一来，人们就对王威与高君雅通敌的事儿更加深信不疑了。而李渊也趁着这个机会将王威与高君雅杀了。

6 月，李渊正式开设了大将军府，自封为大将军，设置三军，以"义师"为名号。李渊分别任命大儿子李建成与二儿子李世民为左、右领军大都督，任命裴寂为长史，刘文静为司马。与此同时，为了让自己没有后顾之忧，李渊还听从下属建议，主动和突厥交好。

7 月，李渊在太原誓师，并发布檄文，具体地陈述了隋炀帝的几大罪状，说他性格乖张，残害骨肉，亲近奸佞，陷害忠良，穷兵黩武，巡游无度，已经弄得天下百姓都生活在水深火热之中，惹得天怒人怨，众叛亲离了。就这样，李渊就公然以"废昏立明""安定隋室"为旗号，正式在晋阳起义。

李渊让四儿子李元吉在太原地区留守，自己则与大儿子李建成、二儿子李世民一起带领 3 万大军，沿着汾水向南，在霍邑（今山西霍州市西南十六里）将隋朝将领宋老生的部队全部歼灭。随后，李渊率军又相继占领了临汾、绛郡等地，过了黄河，向西进军关中。在与平阳公主、李神通以及段纶等各路反对隋朝的力量会合之后，李渊的军队已经发展到了近 20 万人。

11月，李渊进攻并且占领了长安城，拥立隋朝的代王杨侑作为傀儡皇帝，也就是历史上的隋恭帝，与此同时，遥尊隋炀帝作为太上皇，将大业十三年改为义宁元年。李渊自封为大宰相，加封为唐王，将朝廷的军政大权掌握在了自己的手中。

公元618年3月，宇文化及在江都地区起兵造反，杀死了隋炀帝。当这个消息传到长安之后，李渊就在同年5月将杨侑废掉，坐上了皇帝宝座，并且将义宁二年改为武德元年，正式创建了大唐王朝，历史上称其为唐高祖。

局势分析

李渊举兵反叛隋朝是经过很多准备与谋划的。在这其中，他的几个儿子厥功至伟，而裴寂、刘文静等手下也是功不可没的。尤其是李渊的二儿子李世民，他是一个胸怀大志、不甘平庸的主儿。在很早的时候，李世民就开始在私底下与刘文静一起商讨、谋划起义的事情。后来，他更是与父亲李渊的心腹裴寂达成了默契，联合起来一起劝说李渊起兵反隋。

但是，起兵反隋毕竟是一件大事，行事谨慎的李渊自然不会轻易答应，再加上李渊本就与炀帝是亲姨表兄弟，担心反叛极有可能会引起很多的非议。而且，那时李渊在太原培养的势力还不算强大，还没有做好造反的准备，所以，李渊直言拒绝了李世民与裴寂的建议，并且装出一副忠肝义胆的样子。

然而，随着时间的推移，反隋的势力逐渐增加，再加上李渊已经做好了充分地准备，于是就打着"废昏立明""安定隋室"的旗号树起了起义的大旗，最后攻占了长安城。为了不落人话柄，李渊并没有立即称帝，而是拥立杨侑作傀儡皇帝，以堵天下人之口。直到隋炀帝被杀，李渊觉得时机已经成熟了，才废了杨侑，自己取而代之，成为了唐朝的开国皇帝。

说点局外事

隋炀帝残暴的统治引起了大规模的武装起义，公元611年10月，山东邹平人王薄早在长白山，也就是今天的山东章丘、邹平境内第一个树立起了反对隋朝的大旗。从此之后，隋朝境内纷纷出现各种武装暴动。根据不完全统计，农民起义爆发的次数高达 120 多次。各地的义军在与朝廷对阵的过程中，慢慢地进行融合，到了 617 年的时候，就形成了三支最为重要的力量，即瓦岗军，由翟让与李密领导；河北起义军，由窦建德领导；江淮起义军，由杜伏威与辅公祏领导。

期间，很多官僚、地主等由于受到热火朝天的农民起义的影响，也都相继举起了"反隋"的大旗。公元 613 年，担任礼部尚书之职的杨玄感第一个在黎阳举兵反对隋朝。在他之后，在涿郡的罗艺、在朔方的梁师都、在马邑的刘武周、在金城的薛举、在武威的李轨、在江陵的萧铣、在吴兴的沈法兴以及在岭南一带的冯盎也都踏上了武装割据的反叛大隋王朝的道路。

平阳公主的娘子军

说起古代的公主，很多人的脑海中可能会出现一个刁蛮任性的女子形象，还可能会出现一个娇弱温柔的女子形象，还可能会出现一个擅长勾心斗角、城府很深的女子形象。其实，在古代诸多公主中，还有一种虽为女儿身，却有男儿志的巾帼英雄。平阳公主便是其中的典型代表。

唐高祖李渊的女儿共有 19 个，而作为其中之一的平阳公主则是由其原配夫人窦氏所生。窦氏出生在一个崇尚武力的军事贵族家庭，她的祖先是鲜卑人，父亲窦毅是北周时期的高级将领上柱国，母亲则是北周武帝的姐姐——襄阳公主，换句话说，周武帝就是窦氏的舅舅。

窦氏在这样一个名声显赫的大家族中长大，自然不会像一般的千金小姐那般娇弱，其身上自然也就多了一般女性不具有的英武之气。当隋文帝杨坚推翻北周，建立大隋王朝的时候，窦氏曾经非常生气且不甘心地说道："只恨我不是男儿身，不能将舅舅一家救下来。"英气不凡的窦氏自然也希望自己的丈夫是一个大英雄，所以她选择了比武招亲的方式挑选丈夫。最后，她选中了同样出身在军事贵族家庭的李渊，在一生之中她至少为李渊生下了 4 个儿子与 1 个女儿。

可能与这样的家庭背景有关，平阳公主从小胆子就非常大，性格也比其他女子豪爽得多。当平阳公主长成一个大姑娘之后，她就嫁给了晋州临汾，也就是今天的山西临汾人柴绍作妻子。柴绍也出生在一个当时非常有名的军事贵族家庭，他的祖父曾经在北周时期担任过骠骑大将军，父亲在隋朝时期被册封巨鹿郡公。而柴绍本人自小就相当勇猛矫捷，以"尚义任侠"而闻名，在年纪还不大的时候就已经是隋炀帝的太子杨昭的侍卫了。平阳公主与柴荣也可以算得上是天造地设的一对璧人。

当打算在晋阳起义的时候，李渊想到了女儿平阳公主以及女婿柴绍都身在长安，如果贸然起事，肯定会使他们受到连累，丢掉性命。于是，李渊就提前派人悄悄地找到他们夫妻二人，并将他的计划告诉了他们。

柴绍对妻子平阳公主说道："岳父大人即将起兵推翻暴政，将生活在水深火热中的老百姓救出来。我想要去迎接义旗，投奔起义的大军。可是，我又担心如果我们两个人一起走，都将不能顺利脱身；如果我独自一人上路，将夫人一个人留下了，夫人极有可能会陷入危险之中。我真的不知道该怎么办才好！"这个时候，平阳公主非常果断地回答道："夫君不要顾忌太多，应当赶紧从这个是非之地离开。我只不过是一个妇道人家，遇到危险的时候，藏起来是很容易的，到时候我可以再想办法。"听了平阳公主的话，柴绍终于放心地上路了。他秘密地从京城离开，前往太原寻找李渊去了。

柴绍走了之后，平阳公主简单地将行李收拾了一下，就回到了京都郊外的庄园。她将自己全部的家当都拿了出来，召集了当地所有庄丁农户，同时还招募了不少逃亡到山里的绿林好汉，组建了一支100多人的队伍，宣布起义，以响应她父亲李渊的计划。

那个时候，在盩厔，也就是今天的陕西周至的司竹园一带，有一个商人出身的何潘仁正领导着一支起义军。这支起义军的人数大约为几万人，其头目自封总管，独自活动。平阳公主派遣家僮马三宝前往该起义军驻地，说服了他带领队伍归入平阳公主麾下。就这样，平阳公主的起义军得到了壮大，没多久就攻下并占领了户县。

马三宝还邀请并说服了李仲文接受平阳公主领导。李仲文与瓦岗军头目李密有亲属关系，是李密本家的叔父，因为受到李密的牵连而在郿县，也就是现在的陕西眉县，聚集了四五千人，起兵反抗隋朝。除此之外，在关中地区的向善志、丘师利等人也各自带领数千人马加入了反抗隋朝的斗争中。这些人都在马三宝的劝导之下，加入了平阳公主的阵营。马三宝的奔走与活动，对于平阳公主队伍的壮大起到了巨大作用，因此，后来李渊称帝之后，将其称为"英雄"，将他与西汉时期出身于家奴的大将军卫青相媲美。

就这样，在李渊所带领的起义军还未来到关中之前，平阳公主就几乎将长安外围的障碍都扫平了，并且占领了东起户县，西到眉县的秦岭山区。此外，武功、始平（即现在的陕西兴平）一带也都落入了平阳公主的手中。平阳公主所带领的队伍有着相当严明的军纪，严禁士兵欺负百姓，因此得到了广大百姓的拥护。远近各处的老百姓们都相互奔走告之，参加平阳公主起义军的人络绎不绝，起义队伍也随之快速地壮大起来，没多久就发展成了一支人数为7万多人的大军。

随着平阳公主起义队伍的壮大，在长安留守的隋军先后多次前来剿杀，但每次都以惨败而结束。李渊在行军的过程中得知了这些消息之后，相当高兴。大军渡过黄河之后，李渊立即派遣柴绍率领几百名骑兵前去与平阳公主进行联络。没有过多长时间，平阳公主就亲自带领约10000名精兵前来迎接已经渡过黄河、进入关内的起义大军，并且在渭北和李世民所率领的部队会合了。那个时候，平阳公主与丈夫柴绍都设置了属于自己的幕府，一同参加了进攻长安的战争。平阳公主所率领的军队被当时的百姓称为"娘子军"。

大唐王朝建立之后，由于平阳公主立下了汗马功劳，因此李渊对其进行了特殊的嘉奖。平阳公主死了之后，不仅破格享受到了只有天子才有资格享受到的葬礼，而且唐朝政府为了对她在建立唐朝的过程中所作出的特殊功勋进行表彰，还按照谥法"明德有功曰昭"的精神，加谥平阳公主为"昭"。在唐朝的历史上，这样的荣耀是相当罕见的。也因为这个原因，平阳公主成为了中国古代历史上所有公主当中最受人瞩目的一位。

局势分析

在隋朝末年，天下分崩离析的时候，李渊在晋阳起义，她的女儿平阳公主则在关中举起义旗响应。平阳公主的队伍不仅获得了当地百姓的支持与拥护，而且还将附近的好几支规模不小的反隋武装力量纳入麾下。这就大大地加快了平阳公主所率领起义军的发展速度，最重要的是为李渊的起义大军进入关中扫平了很多障碍。

从前，周文王有贤妃太姒对文王与武王进行辅佐，号称一代圣母。而平阳公主不仅亲自身穿铠甲，鸣金击鼓，上战场杀敌，而且还帮助李渊打江山，为推翻隋朝、建立大唐王朝立下了不朽的功勋。

平阳公主可以算是一位奇女子，前无古人，后无来者。她的葬礼绝对配得上适合天子享用的军乐，同时，她也绝对配得上"昭"这个谥号！

说点局外事

由于唐朝的社会风气相对是非常开放的，封建礼法对于女性的束缚并没有后代那么严酷，因此唐朝的女性不仅具有中国古代社会所倡导的那些传统美德，而且还具有一种不输于男子的英武气概。

与其他朝代相比，唐朝的女性具有更为强烈的社会责任感，她们敢于站出来，反对残暴的统治。比如，公元653年，浙东地区爆发了一场规模不小的农民起义。这场起义是由女英雄陈硕贞领导的，她还自封为"文佳皇帝"。当外敌进犯，国家陷入危险的紧急时刻，她们勇于挺身而出，不顾小家的安危，只为大家的平安。比如，公元673年，高丽人带着靺鞨兵向伐奴城（今朝鲜平壤西北）发起进攻，燕山道总管李谨行带领着大军在前方对付叛军，而他的妻子刘氏则穿着铠甲，带领众人坚守城门，将来犯的敌人打退了。朝廷为了对她所建立的功勋进行表彰，特别册封她为燕国夫人；公元696年，契丹对平州进攻，担任刺史之职的邹保英率领大军出城与敌人交战，而他的妻子奚氏则带着所有的仆人和城中的妇女们在那座孤城坚守，最终将契丹兵打退了。因此，她被朝廷册封为诚节夫人。

除此之外，在突厥兵侵犯的时候，古玄应的妻子高氏坚定地守在飞狐县城，最终将全城的老百姓保全下来，最后被朝廷册封为徇忠县君。在安史之乱爆发之后，卫州女子侯四娘、滑州女子唐氏以及青州女子王娘等，在叛军南下的时候，自发地结下盟约，一起参加军队，奋勇杀敌。担任滑濮节度使之职的许叔冀为了对她们的忠肝义胆进行表彰，授予她们"果毅将军"的职务。谁说女子不如男，女子也有大丈夫，正所谓"巾帼不让须眉"！

冤屈的灵魂人物

唐高宗李渊自从起义开始到正式建立唐朝，其麾下集聚了众多贤人志士，这些能人贤才为大唐王朝的建立与发展做出了巨大的贡献。其中，刘文静可以算得上是最大的功臣之一，他与裴寂一直都是李渊的左右手，其地位也不相上下，而且两个人还是好朋友。然而，刘文静与裴寂这对昔日同在一个战壕的兄弟最终走向了反目的不归路，刘文静含冤而死。这真是令人感慨万千啊！

刘文静出生在一个将门之家，相貌堂堂，风流倜傥，再加上其精通韬略，先天的条件非常好。在隋朝末年，他曾做过晋阳，也就是今天的山西太原的县令。不过，这县令虽然是一方父母官，但是对于有着远大抱负的他来说，就不值得一提了。由于职务的关系，他认识了担任晋阳宫监之职的裴寂，并且与之成为知心好友。那个时候，天下局势已经十分混乱了。刘文静与裴寂都是不甘寂寞的主儿，因而也想要趁着乱世做出一番大业，以光宗耀祖。

刘文静认为若想成就大业，需要一个契机。他通过观察发现李渊是个志向远大的人，而他的儿子李世民也是才华出众之人，于是就积极主动地与之交往，想要加入他们的阵营，为将来发展做好准备。

可是，还没有等刘文静采取行动，他就因为自己的亲戚李密的关系受到牵连，直接被关到了太原的大牢之中。这让刘文静感到心灰意冷。非常幸运的是，早已经计划着起事的李世民认为刘文静是一个不可多得的人才，因此，李世民就以探监为名，对刘文静敞开心扉，并且恳请刘文静为他进行筹划。

就这样，刘文静与李世民一拍即合，他也终于如愿以偿地加入了李家的阵营。得到了李世民的赏识，他被救出了牢狱。不久之后，刘文静与李世民、裴寂一起谋划且策动了李渊起义。此后，刘文静又为李世民、李渊出谋划策，帮助他们除掉了隋炀帝的心腹王威与高君雅，又拉拢了突厥以壮大义军的军威。与此同时，李渊带领起义军渡过黄河之后，刘文静镇守潼关，并且生擒了隋朝河东，也就是今天山西永济西的守将屈突通。总而言之，刘文静为唐朝的建立做出了突出的贡献。

　　然而，唐政权正式建立之后，由于裴寂是李渊太原留守府的旧人，因此非常得宠，他的职务也比刘文静高。这让有勇有谋但心胸有点儿狭窄的刘文静非常不满。从此之后，刘文静就开始看裴寂不顺眼，每当朝廷有事需要商讨的时候，只要裴寂认为是正确的，那么刘文静必然会出言反对。就这样，刘文静与裴寂之间的分歧变得越来越多。久而久之，刘文静与裴寂就彻底反目了。

　　有一天，刘文静与他的弟弟刘文起在自己家中喝酒。刘文静喝多了之后，就变得十分兴奋，拿着一把刀直接砍到了柱子上，并且口吐狂言："我一定要将裴寂杀了！"这个时候，刘文静一个失宠的小妾碰巧听到了这句话，于是就告诉了她的哥哥。而她的哥哥又将这件事情上报给了朝廷。与此同时，刘文静因为心情不好还总觉得自己家中有鬼，于是请了好几个巫师在晚上披发衔刀作法，以便将妖孽驱除。这事情可闹大了，武士、刀以及不满的言论，这可是叛乱的迹象啊！就这样，刘文静被逮捕入狱了。

　　唐高祖李渊命令尚书左仆射裴寂以及尚书萧瑀一起审讯刘文静。在公堂上，他是这样为自己辩解的："刚起义的时候，裴寂担任长史之职，而我担任司马之职，我们的地位基本上是相等的。但是，现在我受到的赏赐几乎与众人相同，但是裴寂却担任仆射之职，而且拥有了非常壮观的府第。此外，我长时间在外面东征西讨，家中也没有人帮忙照顾，心里有些怨气也是在所难免的。我喝醉了之后可能会口出怨言，才落到了现在这个地步。"

　　刘文静的这番话说的也是事实。所以，在为其定罪的时候，性情耿直的李纲与萧瑀都认为刘文静并没有谋反之心，而与刘文静相交甚好的秦王李世民也极力为其说好话，而且还列举他的很多功劳。但是，唐高祖李渊一直暗中猜忌李世民，并且畏惧刘文静的才能太高，而裴寂也不算宽容，于是就趁机说："刘文静的才能比大家要高一些，再加上他的性情非常暴烈，心地也十分阴暗，从他的狂言之中，很明显地已经显露出了谋逆的迹象。而现在的形势，您也是很清楚的，天下还没有完全安定下来，外面还有着强大的敌人，倘若将他放了，那么必将会后患无穷的。"在众人的求情之后，唐高祖李渊原本已经打算将刘文静放了，此时听了裴寂的话之后，立即下定决心，将刘文静以及其弟弟刘文起斩首示众，并且将他们的家给抄了。刘文静在临行之前，捂着自己的胸膛感叹道："飞鸟尽，良弓藏，此话果然不是假的！"刘文静死的那年才 52 岁。

局势分析

李渊刚称帝的时候，曾经对众位大臣说过，太原起兵的三大功臣为秦王李世民、裴寂以及刘文静，所以为了表彰他们的功勋，"特恕二死"，也就是说可以赦免他们两次死罪。令人意想不到的是，刘文静第一次犯罪就被杀死了。看来，即便作为一国之君也不是言出必行的，为了自己的利益什么事情都做得出来。

但是，刘文静到底是否有造反的心呢？那个时候，大唐王朝已经基本上将全国统一了，其政权也基本上稳固了。而刘文静又是一个相当聪明的人，他断然不可能依靠自己的个人力量去造反。更何况他与秦王李世民两个人相互欣赏，相交甚好，可以算得上是知己好友。如果说刘文静心有不满，这倒是真的。刘文静本人也承认了，他对裴寂才能没有他高，但职位与待遇却比他好十分不满。因此，说到底，刘文静也就是对裴寂不满，对李渊的分配制度不满意。按照常理说，刘文静产生这种不满也属于人之常情，但是李渊不分是非地将他杀了，的确有点过分。

李渊之所以会这样做，除了忌讳刘文静的才能太高之外，还有一个原因是，刘文静背后站的是秦王李世民。李渊大概也是为了对秦王李世民的权力进行削弱，使他的绝对统治得以巩固，这一点与日后驱逐房玄龄以及杜如晦等人的目的大同小异。当然了，李渊杀刘文静，也可能是为了保护裴寂。

在唐高祖时期，裴寂是李渊身边最大的红人，是李渊的好兄弟。然而，一个人不管有多么风光也会有倒霉的一天。李世民登基称帝之后，裴寂就开始倒霉了。由于刘文静的事情，李世民早已经对裴寂产生不满。可是，李世民可不是一般的人，他对付人的方法很独特。李世民先是对裴寂更加宠信，并且这一宠就宠了裴寂三年。正当裴寂得意的时候，李世民就突然找了个借口将他抓了起来，发配回了老家。裴寂的运气也的确很差，各种变故让他先后经历了发配边疆、镇压羌族之乱。回到京城之后，年老的裴寂终于走完了他精彩而又平凡的一生。

说点局外事

实际上，刘文静只不过是一个政治谋略家，或者说他是一个比较典型的文臣，但是在军事上则完全属于一个外行。在与屈突通对阵中，他刚开始也是损失十分惨重的，差一点贻误了战机，因为这次战争，他完全是依靠部将的补救才将屈突通抓获。刘文静的这个缺陷在跟着李世民讨伐薛举的过程中，再一次暴露了出来。在两军对阵的时候，李世民因为疾病卧床不起，他仍然偏向刘文静等人：薛举率领部队孤军深入，所携带的粮草很少，士兵们也都十分疲惫，不应当与其硬碰硬地作战，应该坚守不出，等到对方士气损耗得差不多的时候，再寻找机会将其一举击破。刘文静答应之后，却没有认真执行，他因为贪功冒进，结果大败而归。

巧用妙计破敌军

当大唐王朝刚刚建立，还没有站稳脚跟的时候，割据金城，也就是今天的甘肃兰州的薛举突然带领大军杀来，直接对关中地区构成了极大的威胁。随之，告急的奏报迅速送到了长安，使得朝廷上下极其震惊。面对这支强劲的来犯之敌，唐高祖李渊静下心来，十分冷静地对当时的形势进行了分析，然后制定出了先将关中地区加以巩固，然后再统一全国的战略。于是，李渊任命二儿子李世民作为元帅，带着八大总管，率领大军全力反击。至此，消灭群雄，统一全国的战争拉开了序幕。

薛举原本是河东汾阴，也就是今天的山西万荣人，长得非常粗壮，面容凶恶，但他非常勇猛善战，武艺高超，对于射术尤为在行。薛家世世代代都是河东的豪强大世族，到了他父亲薛汪的时候，全家迁到了金城，并且在那里定居下来。薛家因为擅长经商，所以家境非常殷实。而薛举素来喜欢结交一些英雄好汉，所以他在当地也可以称得上是一位有名的人物。后来，薛举参军，做了金城府的校尉。

隋朝末年，天下大乱，陇西也不安稳，很多饥饿的百姓也都起来闹事。担任金城县令的郝瑗非常担心当时的局势，就临时召集了几千人，想要让薛举带领去镇压闹事的人。公元617年4月，郝瑗召集了当地军民，摆酒宴，打算正式任命薛举。没有想到的是，薛举与他的儿子薛仁杲以及与他们同谋的13个人，早已另有了计划。他们在酒席上趁机将郝瑗劫持，将郡县官吏抓了，宣布起义。薛举模仿项羽自封为"西秦霸王"，建元秦兴，册封他的大儿子薛仁杲为齐公，小儿子薛仁越为晋公，并且打开粮仓，赈济灾民，招兵买马，公然打起了反隋旗号。

在当地本来有一支声势很大的由饥民组成的武装，其头目宗罗睺带着手下的人投奔了薛举。一时之间，薛举的势力增长了很多，而宗罗睺本人也被册封为义兴公。随后，薛举带领起义军主动出击，使得其地盘与势力不断地扩充。随之，薛举将隋朝派来镇压的大军打得落花流水，并且乘胜将整个陇西地区打了下来，起义的队伍也由最开始的几千人快速地增长到了13万人。

同年7月，薛举在金城登基称帝，并且册封薛仁杲为皇太子。没过多久，薛仁杲率领大军攻占了秦州。随后，薛举又趁着这个机会将都城迁到了这里。

可能是受到家族传统的影响，薛仁杲从小就崇尚武力，好争斗，而且他力大无比，特别擅长骑射，因而他在军中被称为"万人敌"。但是，他也是一个嗜杀成性的人，对于俘虏非常残忍，不是将俘虏的鼻子与舌头割掉，就是将俘虏剁成肉酱。

这一年年底，薛举派儿子薛仁杲前往扶风（今陕西扶风县）地区，一举将唐弼所领导的起义军给打败并吞并了其队伍。因为唐弼的队伍大约有10万，所以薛家父子的队伍一下子就增长到了30万人，这显然对长安刚建立不久的唐朝政权产生了巨大威胁。

这个时候，占据长安没多久的李渊决定派二儿子李世民前去迎敌。李世民率领唐军迅速赶到扶风，经过激烈对战，将薛仁杲打得丢盔弃甲。薛举曾经被吓得想要向唐军投降，但最后被他的下属给劝阻了。

后来，薛举调整了战略方针，决定与朔方地区的梁师都势力联合起来，一起对抗唐军。与此同时，他还派人带着厚礼前往突厥，与之约定一同向长安进攻。突厥原本应允了他的请求，打算出兵助阵。这个时候，唐朝派遣来的使者非常及时地赶来，劝服了突厥不再与薛举联合。于是，突厥毁掉了与薛举之间的约定，这才将薛举的阴谋挫败。

这一次，薛仁杲气势汹汹地卷土重来。李世民接受命令出征之后，率领大唐军队与薛仁杲军对战于高墌。李世民认真分析之后，觉得薛仁杲携带的粮草肯定不多，适合速战速决，于是就选择了避不出战的对策，以便将敌军拖垮。然而，这个时候，李世民突然患上了疟疾，一直高烧不退，不得不将军中的所有事务交给行军长史之职的刘文静与担任司马的殷开山负责。同时，李世民也严厉地告诫他们无论敌军怎样挑衅，都不能轻易迎战。

薛仁杲看到唐军并不迎战，就三番五次地在阵前辱骂。刘文静和殷开山没有忍住，率兵迎敌，最后被敌军包抄了后路。双方在浅水原，也就是今天陕西长武东北地区，展开激战。结果，唐军被打得落花流水，有半数以上的士兵都死了，还有很多大将军，比如慕容罗睺、李安远以及刘弘基等也都死在了这场战役中。李世民将剩下的残兵败将收拢起来，退到了长安，当然，高墌也丢了。薛仁杲把唐军的尸体堆积起来，形成了一个非常大的坟堆，称为"京观"，以此炫耀其战绩。

浅水原战役之后，薛仁杲又趁机对宁州进行围攻，想要将长安拿下。殊不知，薛举因病而亡，薛仁杲接替父亲的位置，随之率领大军退到了折墌城，也就是今天的甘肃泾川东北地区，等待机会反攻。唐高祖李渊下定决心要将这股割据势力消灭干净，以使关中西部的威胁得以解决，就再次任命李世民作为元帅，前去征讨薛仁杲。与此同时，李渊又派人前往凉州与李轨联络，使之从西边进军，以便对薛仁杲造成夹击之势。

薛仁杲还是太子的时候，就由于仗着其勇猛而非常傲慢无礼，与各位将领相处得不太和谐。待他正式继位后，众位将领更畏惧他，上下的心不齐，其兵势也慢慢地变弱了。

而唐军这边，在浅水原战役失败之后，他全军上下无一不想着怎样才能一雪前耻。这一次，李世民再一次率领大军出征，他早已经胸有成竹了。

唐军进入并占领高墌之后，薛仁杲就派遣手下的将领宗罗睺前来谩骂挑战。不过，无论敌军怎样挑衅，诸位将领怎样请战，李世民都一律拒绝，紧紧地关闭着营门，怎样也不肯出去迎战。与此同时，他非常耐心地劝说帐下的将领："我现在有个非常周密的计谋，即我军没多久之前才被打败，在士气上相对比较低落，而敌军则仗着打了胜仗，已经变得十分骄傲，开始看不起我军。越是如此，我军现在越不应该出击，以便更好地麻痹敌军。待敌军放松警惕的时候，我军再突然出击，如此便可以一战将敌军消灭。"于是，李世民下达命令："如果再有敢说出战的人，斩！"

就这样，唐军和敌军僵持了 60 多天，薛仁杲看着自己这边的粮草已经消耗殆尽，而战事却没有一丝一毫的进展，也变得越发焦躁起来，其将士们也变得越来越离心离德了。因此其帐下不少将领官吏都率领自己的部众向唐军投诚，甚至连他的妹夫钟俱仇也投降了。

至此，李世民觉得是时候和敌军决一死战了，于是命令梁实将军出兵吸引敌军。而敌将宗罗睺看到唐军这边终于出来迎战了，欣喜若狂，即刻率领其全部的精锐部队，向唐军扑去。梁实将军依靠有利的地形，将敌军的好几次猛烈进攻都打退了。等到敌军疲惫不堪的时候，李世民命令大军开始全线反击。他先命令右武候大将军庞玉带领一支部队前去对梁实的部队进行增援，与宗罗睺进行激烈地对战；他本人则亲自率领大军绕到敌军的背后，然后突然向敌军发起猛烈地攻击。宗罗睺看到腹背受敌，不得不率领部队与李世民的大军进行对战。只见李世民亲自带着精锐骑兵几十人，迅速地向敌军冲去。唐军内外夹击，锣鼓震天，一举斩杀敌军将士几千名。

宗罗睺看到大势已去，匆忙地撤军。李世民即刻亲率 2000 多名骑兵追击，殊不知他的表兄窦轨将李世民的战马拦住，劝说道："尽管宗罗睺的部队被打败了，但是薛仁杲依旧在折墌城中坚守，而折墌城坚固而高大，很难能轻松地将其攻下，因此我军千万不能轻率地进军，应观察清楚形势之后再作打算。"

但是，李世民却非常坚定地说道："表哥不必再说了！对于这场战役，我在很久之前就开始考虑了，如今，我军的士气正旺，是一个拿下折墌城的良机啊，绝不能错失！"于是，李世民率军向折墌城逼近，在泾水与敌军交战。敌军将领浑斡等人看到形势不好，就临阵向唐军投降了。薛仁杲也开始害怕，便带领大军退到了城内，坚守不出。傍晚，唐军相继赶来了，包围了折墌城。时至半夜，守城的士兵争抢着顺着绳子从城上滑下来，前来投降。薛仁杲看到大势已去，最后在万般无奈的情况下带着文武大臣，打开城门，向唐军投降了。

战争结束之后，各位将领都相继前来祝贺李世民，同时又都不明白他打败敌军的秘诀。于是，有人询问道："大王在浅水原战役中获得胜利，就将步兵扔下，在未曾携带任何攻城战具的条件下，轻骑直接逼近折墌城下。这个时候，所有人都觉得取胜是不可能的，但是最终却以胜利而结束，这究竟是怎么回事呢？"

李世民微笑着解释："宗罗睺部队的那些将士们均为陇右人，素来以骁勇剽悍而出名，尽管我出人意料地发起进攻，但是并没有杀掉太多的敌人，也没有得到很多俘虏。如果不趁胜追击，给敌军足够的喘息时间，让他们从容退到城中，再让薛仁杲有时间安抚军心，用来坚守城池，那么折墌城就变得更难攻破了；倘若我军可以乘胜追击，大部分敌军则很有可能被打散，那么，守在折墌城的兵力就变得十分薄弱了，薛仁杲肯定会被吓坏，没有时间商量应对之策。这就是我军能够克敌制胜的根本原因。"诸位听了李世民的解释之后，全都对其拜服。

傲慢自大的薛仁杲被李世民彻彻底底地消灭了，随后，大唐王朝又用了大约 7 年的时间，相继将割据各地的军阀武装势力都摆平了，全国的统一大业基本上完成了。

局势分析

在与薛仁杲交战的过程中，李世民表现得十分睿智。在第一次对阵的时候，李世民就准确地分析出了薛仁杲的弱点——携带的粮草不多，便选择"避而不战"的策略，想要将其拖垮。但不巧的是，他突然生病不能继续指挥作战，只能将此重任交给刘文静等人。而刘文静等人最终违背了李世民的意愿，率兵迎敌，才招来了最后的惨败。

在第二次对阵的时候，李世民能冷静地分析出敌我的优点与弱点，先采用避而不战的方式麻痹敌人，等到敌人防备松懈时再出击。在将敌人击败后，他坚持自己的正确观点，抓住时机进行追击，最终一举拿下了折墌城。这使得大唐王朝在翦灭群雄战争中获得了首战大捷，大大鼓舞了唐军的士气，同时也积累了战争的经验，为日后统一全国起到了积极的推动作用。

由此可以看出，李世民不愧是一个拥有独立思想，胸怀万千韬略，能够冷静分析局势，并且针对实际情况能作出最合适的应对之策的军事奇才！

说点局外事

薛仁杲是一个杀人不眨眼的大魔头。有一次，他抓住了一个俘虏，想要令其投降。可是，这个俘虏宁死不降，他就命令下属将那个俘虏放在火上进行烤，烤熟之后，还将其进行了肢解分割给自己的部下吃掉。还有一次，在占领天水之后，薛仁杲命人抓了当地所有的富人，并且将那些富人倒吊起来，往他们的鼻子中灌醋，以此来逼迫他们将财产全都交出。在这点上，就连他的父亲薛举也觉得过分与不妥了，因而就语重心长地劝导他："我的儿子有着非常强大的本领，足够成就一番大事业了。但是，在待人接物方面，你就有些过于寡恩少义、残忍暴虐了，一直这样的话，你最终会将家业给毁掉的。"

李世民的无奈

众所周知，在唐高祖李渊推翻隋朝的统治，建立大唐王朝的过程中，李世民曾经立下了汗马功劳。但是随着李渊正式登基称帝之后，便与他的几个儿子，尤其是二儿子李世民之间的关系变得十分奇怪（微妙），这令李世民感到十分无奈。

将薛家父子摆平之后，唐王朝还没有来得及喘一口气，河东刘武周就率兵向唐王朝发起挑战。刘武周原本是隶属于隋王朝的官员，他凭借着突厥的势力迅速发展与壮大。在他帐下，有一个名字叫作宋金刚的人，非常勇猛善战。在与大唐军队对阵的第一个回合中，宋金刚就将唐军裴寂打得丢盔弃甲、落荒而逃。一时之间，刘武周的部队士气大增，而唐军的士气则陷入了低迷阶段。

这个时候，秦王李世民向唐高祖李渊请战，请求率领大军打败宋金刚。在万般无奈的情况下，李渊不得不同意了李世民的请命，再次起用他原本并不想重用的李世民。

秦王李世民率领大军前来对阵，双方交手没有几个回合，宋金刚部队就顶不住了。在这种情况下，宋金刚决定率领大军回去之后再作打算。令人意想不到的是，宋金刚在回军的过程中，突然遭到了唐军的偷袭。在这场战斗中，宋金刚的部队整个被消灭了。至此，刘武周的主力部队被消灭殆尽，刘武周与宋金刚两个人只身逃到了突厥。然而，狡猾的突厥人见他们被打败，已经没有任何利用的价值了，不仅没有给予他们想要的庇护，而且还直接将此二人杀了。

当李世民部与刘武周部在西北进行激烈对阵时，王世充也率领大军与李密的部队打得正热闹。当刘武周的大军被李世民打败而消亡之后，王世充也正好将所有的瓦岗军消灭，在洛阳登基称帝。就这样，这天下一下子就有了两个皇帝，局势很自然地就变得十分紧张起来。

在这种情况下，李世民又主动向李渊请战，请求率兵消灭王世充部。得到李渊批准之后，李世民就率领大军来到了洛阳，伺机待战。战机成熟，双方交战没有多长时间，王世充的部队就顶不住了，眼看着王家军就要落败了，王世充赶紧向河北地区的窦建德求助。窦建德分析形式后，率领 10 万大军前来支援。于是，就出现了二打一的局面。殊不知，李世民是一位身经百战、胸怀韬略的统帅，所以，这也就注定了窦建德一生的悲剧——不得不令人感叹他真是生不逢时啊！

自古以来，虎牢关就是兵家必争要地，真可谓"一夫当关，万夫莫开"——《三国演义》中相当有名的"三英战吕布"事件就是在这里发生的。在此要地，李世民仅仅用一支 3500 人的唐军居然挡住了窦建德的 10 万大军——不仅让窦建德的大军寸步难行，而且最后还俘虏了窦建德。

虽然结果令许多人疑惑，但是这种结果也是一种必然。因为两军统帅的能力与性格不同，所以就注定了如此结局。或许，窦建德不该死，但是窦建德被杀了。

王世充在收到窦建德被杀的消息后，在万不得已的情况下，决定向唐王朝投降。他认为，自己与李渊毕竟相识一场，李渊怎么着也不会要了他的性命的。然而，令他万万没有想到的是，王世充最终还是与窦建德一样，逃不过一死的下场。

唐军将王世充及其部队消灭后，唐王朝基本上算是完成了统一全国的任务。秦王李世民骑着膘肥体健的大马，身后跟着他无比精锐的勇猛将士，风风光光地回到了长安。令李世民始料不及的是，父亲李渊不仅没有对其更加重视，反而越发猜忌他了。李渊不仅逐渐地打击李世民，而且还有削弱李世民手中的兵权的行为。一时之间，李渊与李世民这对原本应该最亲近的父子之间的关系变得越来越微妙了。长安城中一场关于父与子、兄与弟之间的血雨腥风也正悄悄地酝酿与发酵着……

局势分析

作为一国之君，李渊可以掏心掏肺地对待自己的臣子裴寂，但是却不放心自己的几个儿子，尤其是才能出众的二儿子李世民。或许，隋炀帝弑父给他留下了阴影吧，毕竟权力是相当诱人的，为了权力很多人都会作出令人难以相信的事情的。

其实，平心而论，对于太子李建成，李渊还算是比较宽宏大量的，这也可能是担心如果朝廷废长立幼会引来横祸吧。所以，在保护李建成的太子之位上，李渊可是花费了不少的心思。但是，在对待二儿子李世民的时候，李渊则少了几分信任，同时也少了一些温情，令人不禁感到疑惑：李渊与李世民怎么看都不像是父子俩。

对于能力突出的二儿子李世民，李渊似乎从来就没有给予过真正的信任。或许是因为二儿子李世民过分能干了，他害怕自己稍有不慎就变成了第二个"隋文帝"了吧。二儿子李世民打了胜仗，李渊兴奋得手舞足蹈也是在所难免的。但是打了胜仗之后，二儿子李世民的威望与地位就会变得更高一些，肯定对自己形成更大的威胁。所以，不到万不得已的时候，李渊是不会轻易地将手中的这张王牌拿出来的，因为他担心这张王牌太强大了，可能有一天会将自己除掉。

就这样，出现了一个非常奇怪的现象。在收拾薛氏父子的时候，秦王李世民是主动要求率兵出征的；在收拾刘武周的时候，李世民是主动要求率兵出征的；在收拾王世充的时候，也是李世民主动要求率兵出征的。换句话说，倘若秦王李世民没有主动要求率兵作战的话，他的父亲李渊可能根本就不会派遣他出征。这是什么原因呢？难道李渊这么做是担心二儿子李世民的安全问题吗？这个理由似乎不太成立，李渊对别人都不放心，即便是自己的儿子也不例外。所以，李渊每次派出去的人，要么是忠于自己的亲信，要么是与自己生死与共的兄弟。要知道，隋唐时代是个英雄辈出的年代，激动人心的英雄壮歌要大大地超过婉转缠绵的草长莺飞。

说点局外事

在隋朝末年的起义军中，有一个非常著名的人物，名字叫作窦建德。与出身于贵族的李渊、高管王世充不一样，窦建德可算是正儿八经的泥腿子出身，再加上他这个人在为人处世上非常豪爽与仗义，因此，他有着相当好的群众基础。他也与其他的起义军不一样，在对待隋朝的官员时，只要投降于窦建德，他都能够给予其信任，并且对其重用。这一点上，他与李渊可以称得上是两个极端。甚至连战场上的对手在投降之后，窦建德也能够以礼相待。唐朝将领李勣由于他的父亲被俘虏而万般不得已地向窦建德投降了。随后，他趁着窦建德对他非常信任，派遣他去执行任务的时候，反过来对夏军进行偷袭。后来，李勣的父亲再一次被窦建德抓住了，窦建德却觉得李勣是一个非常忠诚的人，不但没有将他的父亲杀死，反而还将他的父亲放了。尽管这种宽宏大量让他收获了民心，使得越来越多的人前来归附于他，但是这种宽容大度似乎失去了最基本的原则，这也为他本人日后由于部属叛离而造成兵败埋下了隐患。

传奇将军李靖

杜牧有诗曰："门外韩擒虎，楼头张丽华"。公元588年，曾任隋军先锋，占领建康城，俘虏陈后主的隋朝上柱国大将军韩擒虎有一个非常能干的外甥，名字叫作李靖。在隋朝末年风起云涌的情况下，多地义军揭竿而起，李靖是大唐王朝文治武功均属上乘的著名军事家。后来，李靖被册封为卫国公，世称"李卫公"。

在隋炀帝时期，李靖曾经做过长安功曹，深得左仆射杨素以及担任礼部尚书之职牛弘的赏识。在大业末年（618，即隋大业14年），李靖被派遣到了北方前线，担任马邑郡丞之职，与李渊军一起对战突厥。在与李渊相处中，李靖发现了李渊有拥兵为王的意图。于是，他就将自己打扮成一个囚徒的样子，前去江都，想要将这件事情报告隋炀帝。结果，当他走到长安之时，由于关中地区已经大乱，道路阻塞不能继续前行。李渊自从太原起义之后，快速地拿下了长安，同时也俘获了李靖。李渊在对待李靖这个政敌时，仍然坚持自己的一贯做法——杀无赦。

这位学富五车的英雄在临刑之前，想起来自己的抱负还没有实现，非常不甘心，于是大声喊道："您率兵起义，原本是为天下的老百姓造福，那么为什么不想着将此大事完成，而由于私人恩怨就将壮士斩杀呢？"后来，在秦王李世民的劝说之后，李渊才将李靖赦免了。随后，李世民将李靖召入其幕府，做了三卫（亲卫、勋卫、翊卫）。

公元621年，李靖将除掉萧铣的十策献给了唐高祖李渊。唐高祖李渊接受了李靖的计策，任命赵郡王李孝恭为唐军的统帅，任命李靖为行军长史，负责管理十二总管，为实际上的统帅，率兵从夔州出发沿江而下，作为西路军；命令庐江王李瑗率兵从襄州出发，作为北路军；命令黔州刺史田世康率兵从辰州（今湖北省武汉市新洲区）出发，作为南路军；又命令黄州（今湖南省怀化市北部地区）总管周法明率兵从夏口出发，作为东路军。就这样，四路大军从周围包抄过来，一同杀向江陵。一时之间，江南地区可谓战火连天。

此时，正好是江南的梅雨季节，长江的水势相当大，从三峡流过的江水奔腾着向下游涌去，浪花不停地对峡谷进行拍打，其响声惊天动地。萧铣原本认为江水滔滔，三峡地区非常危险，唐朝的军队不会轻率地顺江而下，于是就让将士们好好休息，打算养足精神后，再给唐军一个大教训。

唐军中的大部分将领也非常担心，纷纷建议等到洪水退去之后再进军，否则，中途被洪水卷走，丢了性命就太不值得了。但是，李靖力排众议，坚持自己的见解——立即进军，如此一来，就可以让萧铣没有应对时间了。他非常诚恳地对各位将领说道："用兵讲究一个'兵贵神速'，萧铣认为我们不会前去攻打他，必定不会做充分准备。倘若我们能够乘着洪水迅速地行军，忽然出现在他的城下，肯定能够一举将其打败的。"对于李靖的见解，李孝恭表示赞同。于是，李靖就带着2000多艘战舰，经过三峡，顺着河流而下。萧铣根本没有想到唐朝的军队会在这个时候出现，在没有做多少准备的情况下，没多久就将荆门与宜都两地给丢了。唐朝的军队一路士气旺盛，进军迅速，在10月份的时候就打到了夷陵城，也就是今天的湖北宜昌。

在攻占夷陵之后，李靖立即率领大军将萧铣的首府江陵围住。萧铣看到城内很难再支撑下去，城外也没有任何的援军，万不得已只能打开城门向唐军投降。李靖带领部队进城之后，军纪非常严明，没有侵犯百姓的一丝一毫。在对投降将领的处置问题上，李靖再次展现其非凡的政治头脑。绝大多数的人都认为这些投降的将领顽强地抵抗，罪大恶极，应当将他们的家产没收了，并以此来犒赏三军将士。李靖马上将这种想法制止了，他说："他们对我军进行殊死抵抗，也是迫不得已的，这并不是他们的本来意图，不可以与叛逆的人相比。现在，江南一带才刚刚被平定，我们应当表现得宽容一点，这样才能使他们的心得以宽慰。倘若他们坚持抵抗，江南如此之大，他们全都凭借着非常坚固的城池进行死守，那么对我们来说可是一件非常糟糕的事情啊。"

萧铣向唐军投降之后没多久，有十几万的援军相继赶来。他们得知萧铣早已投降，并且唐朝的政策也非常好，于是他们也纷纷率部归入唐军。

李靖只用了短短两个月的时间，就协助李孝恭在剪灭江南最大的割据势力的战争中，取得了非常大的胜利。由于李靖为唐王朝立下了汗马功劳，唐高祖李渊册封他为上柱国，也就是相当于现在的"特级战斗英雄"称号。除此之外，李渊还给了他一个"永康县公"的封号，并且还赏赐了他不少好东西。

在这次消灭萧铣的战争中，李靖名声大振，从此之后，唐高祖李渊对他非常器重。那个时候，岭南一带还没有归顺唐王朝，于是消灭萧铣的战火刚刚停，唐高祖李渊就派遣李靖前往岭南一带进行安抚，并且专门批准他具有"越俎代庖"对官吏进行任免的权力。

同年11月，李靖来到了桂州。他派遣部下分别到各处做招抚的工作，所到的地方全部都望风而降了。从此之后，岭南一带也被搞定了。高祖李渊收到此消息之后相当高兴，就将李靖留在了那里，授予李靖为岭南道抚慰大使、检校桂州总管的职位。

公元623年，本来早已向唐朝投降的起义军将领杜伏威与辅公祏之间出现了矛盾。后来辅公祏趁着杜伏威前去朝见唐高祖李渊的时候，突然发动叛变，背弃了唐朝，那么，已经来到李渊身边的杜伏威自然会遭到李渊的嫉恨。于是，没过几天，身处长安的杜伏威就莫名其妙地死了。

辅公祏反叛唐王朝之后，李渊再一次想起了勇猛的李靖。不过，李渊这次起用李靖仍然是以李孝恭作为主帅，而李靖作为副帅。李靖成竹在胸，制定了一系列正确而完整的作战计划。结果，没用多长时间，李靖就将这场叛

乱扫平了。李渊为了对李靖进行表扬，特意将 100 名奴婢、100 匹良驹以及 1000 匹绸缎赏赐给他，并且任命他为行台兵部尚书。

李渊十分激动地握着李靖的手，深情地说道，"你真的就是萧铣以及辅公祐等人的克星啊，古时候的韩信、白起、卫青以及霍去病等著名将领也不能与你相提并论啊！"

江南的局势才稳定下来，北方的突厥又开始挑衅滋事了，于是，双方的关系变得相当紧张。隋朝末年，李渊在太原起义的时候，东突厥的势力非常强大，为了不让自己陷入两面作战的危机中，李渊在不得已的情况下向他们低头，从而换来了北方的相对安定。大唐王朝建立之后，突厥又开始与唐朝作对，对薛举以及刘武周等割据势力进行支持，并且仗着其国力比较强大，经常南下生事。在这种情况下，李渊再一次将李靖调到了北方，与突厥进行抗击。

在历经数年的准备之后，公元 629 年 8 月，李靖与李勣、薛万彻以及张公谨等人一同向东突厥发起了一场非常强大的军事攻击。公元 630 年 1 月，李靖亲率 3000 精锐的骑兵深入大漠，直接杀到了颉利可汗的老窝，将突厥兵打得落花流水。唐太宗李世民得知这个消息之后，相当高兴。后来，李靖与李勣等人通力合作，一举将东突厥给消灭了，并且将颉利可汗活捉了。

唐太宗李世民说道："当初，李陵带着 5000 人深入大漠，最后向匈奴投降，尚且能够名载史册，现在李靖仅仅率领 3000 人就能够获得如此重大的胜利，这样的事情可以称得上是'前无古人，后无来者'啊！"因此，唐太宗李世民册封李靖为代国公。

公元 634 年，西北吐谷浑王慕容伏允对唐朝的边境进行骚扰，李靖主动请命出征。于是，唐太宗李世民任命李靖为"西海道行军大总管"，率领唐朝军队与西域的各国联军向吐谷浑发起进攻，最终大获全胜。公元 637 年，李靖被改封为卫国公。公元 649 年，李靖逝世，享年 79 岁，谥号为景武，陪葬昭陵。

局势分析

与其他将领相比，李靖不仅胸怀韬略，而且还能够站在战略高度思考问题，可以说是一个懂得高瞻远瞩的不可多得的将才。在平定萧铣，处理战俘的时候，李靖比其他将领更深谋远虑，坚持采用宽容的政策对待战俘，从而赢得了民心，不但使当地的百姓纷纷归顺唐军，而且让后来的十几万援军也都向唐军投降。

后来，李靖又凭借其军事才华成功地平定过其他叛乱，搞定过东突厥的挑衅。当然了，李靖还为唐王朝摆平过其他的麻烦。总而言之，李靖这个军事奇才曾经为唐王朝的统一大业做出了巨大的贡献。

正因为李靖的战功赫赫，才成为了君王眼中的骁勇干将，才成为了老百姓眼中的大英雄，因此，李靖的形象慢慢地被神化了，最后居然成为了神话之中的哪吒的父亲，也就是在天界中有着非常高威望与影响力的"托塔李天王"。

说点局外事

隋朝末年，隋炀帝杨广骄奢暴虐，荒淫无道，大臣杨素也在一旁助纣为虐。李靖是一个心中有大志向的豪杰，但是没有几个人赏识。杨素府邸中有一个名字叫作"红拂"的歌女，对李靖有情，于是，她就趁着夜色前来投奔李靖。李靖看到她如此多情且深明大义，就娶了她作为妻子，并且带着她一起私奔了。在路上，他们与一个脸上长满红胡子，被称为"虬髯客"的人相遇，他们三个人意气相投，没多久就成了知己好友。虬髯客将其所有的财产都拿了出来，要求李靖夫妇帮助秦王李世民将隋朝推翻。后来，李靖做了大唐王朝的宰相，虬髯客则在海外成就了一番属于自己的大业。后人将他们三个人称为"风尘三侠"。

一代名将秦叔宝

秦琼，字叔宝，因为勇猛善战而闻名于世。说起秦叔宝的大名，可以说是无人不知，无人不晓，上至八旬老人下至三岁孩童都听说过他的英雄故事。秦叔宝的一生充满了传奇色彩，是隋唐时代英雄人物的杰出代表。

秦叔宝的父亲曾经在北齐时期做过咸阳王的录事参军。在隋大业年间，秦叔宝在隋朝将领来护儿的营中效命。由于秦叔宝有着非常远大的志向与勇猛的武力，因此得到了来护儿的欣赏与信任。秦叔宝的母亲死后，来护儿曾经派遣专人到秦叔宝的家中吊唁，由此足以看出，他对秦叔宝的重视程度。

在隋朝末年，各地义军纷纷起来反抗隋朝。那个时候，秦叔宝正跟随在隋朝名将张须陀的身边，于下邳，也就是今天的江苏睢宁北地区，和义军头目卢明月对阵。

那个时候，双方的兵力相差悬殊，张须陀的部队只有 1 万人左右，而义军的人数则高达 10 多万人。在双方对峙 10 多天之后，张须陀的部队已经到了粮草短缺，人困马乏的地步。那时，张须陀的部队到了急着想要撤退，但是又害怕敌军追赶的关键时刻。当时秦叔宝和罗士信两个人挺身而出，请命率领 1000 人突袭敌军，以便掩护大队人马能够迅速而安全地转移。

秦叔宝和罗士信依靠聪明智慧，使得突袭非常成功。张须陀则趁着这个千载难逢的机会回师追击，获得了脱逃之后的胜利。仅仅凭借这一场仗，秦叔宝的智谋与勇气便在三军之中快速地传开了。在后来的作战过程中，秦叔宝由于先后多次建立功勋而被提拔为建节尉。之后，在与李密的部队进行对战的时候，张须陀因为战争失败而死。

秦琼率领剩下的残兵败将前去投奔裴仁基，后来，又跟着裴仁基向瓦岗寨义军头目李密投降。李密看到秦叔宝这样难得一见的人才来降，心中万分高兴，马上任命秦叔宝为骠骑将军。在跟着李密征战的过程中，有一次，李密被敌军的流矢射中了，从战马上跌落，导致他在很长时间内都昏迷不醒。这个时候，李密左右的随从都四处逃命去了，眼看着追兵就要杀来了，千钧一发，幸亏有秦叔宝拼死护卫，并且将队伍重新整顿，这才将追兵打退，使得李密保全了性命。后来，李密的部队被打败，隋朝将领王世充将秦叔宝收编了，并且任命秦叔宝为龙骧大将军。

后来，秦叔宝因为对王世充的为人非常不满，于是和程咬金等人一起转而投向李渊，并且在秦王李世民帐下效命。因为秦叔宝勇猛彪悍，李世民任命他为马军总管。从此之后，秦叔宝就追随秦王李世民，先后参与了数次战斗，成功地对王世充、窦建德以及刘黑闼等多路义军进行剿除，为大唐王朝的建立做出了无与伦比的贡献。

为此，唐高祖李渊曾经派遣使者将金瓶赐予秦叔宝以示褒奖。随后，秦叔宝又为唐朝立下了赫赫功勋，不但得到了非常丰厚的奖赏，而且还被册封为秦王右统军，加授上柱国，后来，又被晋封为翼国公，成为秦王李世民身边最受赏识与信任的红人。

秦叔宝不但在大唐王朝建立的过程中，立下了不朽功勋，而且还在大唐王朝出现内部斗争，最后演变成"玄武门之变"的时候，十分坚决地站在秦王李世民的阵营中，与李世民一同将太子建成与齐王元吉诛杀，是李世民非常忠心的部下。

公元626年6月，秦王李世民正式被册立为皇太子，8月继承王位，改年号为"贞观"，历史上将其称为唐太宗。秦叔宝由于功勋卓越，被李世民封为左武卫大将军，并且还得到了七百户的封邑的赏赐。后来，秦叔宝由于身体衰弱，经常生病，他自己说道："我从很小的时候就参军，长时间过着军旅生活，经历了200多场规模不小的战役，光是战争中负伤流过的鲜血就有几十斗之多，伤了身体的元气，怎么可能不生病呢？"

公元638年，秦叔宝终于因病不治而亡。秦叔宝死后，被追封为徐州都督，改封为胡国公，并且享有陪葬昭陵的殊荣。除此之外，秦叔宝也是凌烟阁24功臣之一，他的画像也被供奉在了凌烟阁。

局势分析

作为唐朝初期著名的将领，秦叔宝的勇武威名可以说是震慑一时。秦叔宝是一个可以单骑闯入敌军阵中直取敌将首级，并且全身而退的将才。秦叔宝的一生绝大部分是在马背上度过的，曾经追随唐高祖李渊与秦王李世民为大唐王朝的稳固而南征北战，立下了不可磨灭的功勋伟绩。唐王朝正是有了像秦叔宝这样的英才，才能在历史的洪流中迅速地站稳脚跟，成就千秋大业。

秦叔宝的一生充满了传奇色彩，一直被后人传颂。后来，秦叔宝甚至被演义到了戏剧以及说唱文学中，并且得到了一个"山东好汉"的荣誉称号。相传，济南地区有很多关于秦叔宝的遗迹，比如秦叔宝卖马、秦叔宝府以及秦叔宝墓等。直到今天，在济南王龙潭，我们还能够看到"唐左武卫大将军胡国公秦叔宝故宅"的石碑。

说点局外事

隋朝末年，山东好汉秦叔宝在济南府当差，后来接受命令前往潞州去办事。十分不幸的是，秦叔宝因身染疾病在客栈中养病，但是他所携带的银两已经全部用完了。在万般不得已的情况下，秦叔宝将其心爱的坐骑黄骠马牵到了西门外的二贤庄，准备将马卖掉。

秦叔宝把黄骠马拴在庄南面的大槐树下，单雄信，也就是二贤庄庄主，得知有人要卖马，就去相马。秦叔宝早在很早的时候就听闻单雄信是个难得的大英雄，但是因为现在穷困潦倒，感到非常不好意思，就没有将真实的姓名报出来。可是，单雄信在听说这个卖马之人来自济南之后，就请他到自己的府上喝茶，并且向他打听秦叔宝，说自己仰慕秦叔宝很久了。秦叔宝听了之后，谎称自己与秦叔宝是一个衙门中的好朋友。单雄信听秦叔宝这样说，立即写了一封书信请他交给秦叔宝，并且付了30两的纹银作为买马的钱，另外还加了3两的纹银当作是他的跑腿钱，还拿来了2匹潞绸送给他。

再说秦叔宝在单雄信面前隐瞒了自己的真实身份，却在前往潞州酒楼的时候遇到了另外一个英雄好汉王伯当。王伯当将此事告诉了单雄信，单雄信立即派人四处寻找秦叔宝。后来，秦叔宝与单雄信两个人终于相见，单雄信非常热情地款待了秦叔宝，让叔宝在其庄子内精心养了8个月的病。在二人分别的时候，单雄信为秦叔宝的黄骠马配上了金镫银鞍，并且还送给了秦叔宝潞绸以及重金等。从此之后，秦叔宝与单雄信成了生死之交。

之后，秦叔宝与单雄信在推翻隋朝的农民起义当中，共同对抗敌人，为起义军创下了相当伟大的业绩。大唐王朝建立之后，秦琼终生都在保唐，而单雄信则与唐王朝对抗到底。虽然秦叔宝与单雄信两个人后来分道扬镳了，但是他们在患难的过程中所结下的兄弟之情始终如故。在《说唐》中，有这样一句话："秦琼建祠报雄信"，说的就是秦叔宝听说单雄信被擒住了，就飞马前来救援。当秦叔宝走到跟前的时候，单雄信的人头已经落地了。秦叔宝将单雄信的头颅抱在怀中，双腿跪到地上，悲痛欲绝地哭泣着。后来，秦叔宝把单雄信夫妻合葬到洛阳南门外，并且为他们建造了一所名为"报恩祠"的祠堂，从而报答单雄信在潞州对他的知遇与搭救之恩。

勇武虎将程咬金

看过《隋唐演义》的人都知道，程咬金是其中最具特色的一个人物。他的武功不高，凭借着自己的三板斧子打天下，脸皮十分厚，歪点子也非常多，总是能够逢凶化吉，遇难成祥，可以称得上是一员福将。可是，这与历史上真实的程咬金相符吗？

程咬金，字义贞，后来改名为知节，汉族，济州东阿斑鸠店人，也就是现在的山东省东平县人。程咬金在小时候就已经对马术枪法十分精通了。隋朝末年，由于隋炀帝杨广经常大兴土木，不断地征兵讨伐，而且朝廷的徭役还十分繁重，这样残暴的统治导致天下的老百姓生活在水深火热中。因此，全国各地纷纷爆发了规模不小的农民起义。起义军相继发展到了100多支，多的有10多万人，少的也有好几百人，但是起义军的规模对隋朝并没有构成非常大的威胁。因为当时的众多起义军也未曾有明确的政治目标，可以说基本上就是流动作战，即走到哪里就打哪里。为此，程咬金将乡里英雄好汉都聚集起来，以保护乡里。

经过7年的战争磨砺，农民起义军慢慢地发展壮大起来，慢慢地将地域观念克服了，零散在各地的起义军走到一起，联合起来。到了公元617年，全国的范围内形成了三支十分强大的起义军，他们分别为瓦岗军、河北义军以及江淮义军。这个时候，程咬金因为自己的势力比较弱小，没有办法维持下去，最后归顺了瓦岗军的李密部。

瓦岗军原本是东郡韦城，也就是今天的河南浚县东南人翟让创建的，曾经数次将隋王朝的进剿粉碎。公元 616 年，曾经参与过杨玄感起义的隋朝贵族后裔——李密来到了瓦岗寨。李密这个人极其善于谋略，促使瓦岗军在一系列的战争中均获得了胜利。于是，翟让就主动将老大的位置让给了他，并且封其号为魏公。

李密执掌大权后，本来的面目慢慢地露出了。为了确保自己能够独权专政，他尽可能地对程咬金以及秦叔宝等新投奔过来的人拉拢，将程咬金与秦叔宝两个人视为"内军"骠骑。所谓"内军"，指的就是李密从三军当中精心挑选出来的 8000 个"勇士优异者"，隶属于四位骠骑将，又可以分为左右两个队，其主要任务就是护卫李密的个人安全问题。对于自己的内军，李密非常满意，曾经称赞说："此 8000 人可以当作百万人。"

没过多久，程咬金将名字改为程知节。公元 617 年 10 月，正当瓦岗军中老势力与新势力之间的矛盾慢慢地变得尖锐化的时候，李密下定决心要先下手为强。于是，李密设下计谋，将翟让斩杀了，独揽大权。

公元 618 年 9 月，隋洛阳守将王世充带着自己挑选出来的 20000 多精锐，2000 多匹优良的马，在通济渠，也就是现在的河南孟县境内驻扎下来，在渠上面架起了三座桥，从而更加方便地与瓦岗军进行决战。李密率领大军在邙山南麓摆开阵势迎战王世充的部队，同时命令程知节带领着内马军，与李密在北邙山，也就是今天的河南洛阳市北安营扎寨，单雄信则带领着外马军，在偃师城，也就是今天的河南偃师东北地区安营扎寨。

王世充的部队来到之后，马上派遣出好几百骑兵对单雄信所率部队发起了进攻。于是，李密就派遣程知节与裴行俨前往支援。裴行俨率先朝着敌阵冲了过去，结果却不幸被敌人的箭射中，从马上跌落下来。程知节见状立即催马前去救人，片刻之间就杀了数人，王世充的部队这才稍稍后退，他趁着这个机会将裴行俨抱起来撤离。因为程知节的战马上驮着两个人，所以，战马走得并不是很快，最后被王世充的部队追了上来。程知节不忍心扔下裴行俨自己逃命，结果一时不慎被敌军的一槊刺中，程知节忍着剧痛回过身来，用力将对方的槊折断，将拿着槊的敌人斩在了马下。这一幕将王世充的部队震慑住了，使得他们不敢再继续进行追赶，程知节与裴行俨这才有机会返回本部。在这一战中，因为李密的指挥不当，使得瓦岗军中包括程知节与裴行俨在内的 10 多名骁勇之将都遭受了严重伤害，瓦岗军的实力也随之大大地减弱了。没过多长时间，李密在与唐军对阵中战败，瓦岗义军被打得狼狈不堪。

瓦岗军被打败之后，程知节与不少将领都由于没有其他出路，在不得已的情况下归顺了王世充。王世充得到程知节与秦叔宝这两员猛将，非常爱惜他们的才能，对待他们非常好。即便是这样，程知节与秦叔宝都对王世充的心思阴沉、奸诈十分反感。程知节曾对秦叔宝说："王世充的器度非常小，而且经常说一些狂妄的言语，还喜欢诅咒发誓，乃巫师老妪耳，怎么可能是拨乱之主呢？"秦叔宝也有相同的感受，于是，程知节与秦叔宝就开始秘密地商议，决心寻找一个合适的机会离开王世充，另谋出路。

公元 619 年 2 月 19 日，王世充带领大军向唐朝的谷州进军，王世充任命程知节为将军，任命秦叔宝为龙骧大将军。王世充的部队与唐军在九曲，也就是今天的河南宜阳西北地区交战。程知节、秦叔宝、牛进达以及吴黑闼人等都领着几十个亲信骑马向西行进了 100 多米，然后从马上跳下来，朝着王世充行礼，并且说道："荷公接待，极欲报恩。公性猜贰，傍多煽惑，非仆托身之所，今谨奉辞。"说完之后，他们就驱马投奔唐朝军队去了。而王世充因为害怕程知节与秦叔宝两个人的威名，所以不敢传令对其进行击杀。

程知节、秦叔宝归顺唐朝之后，唐高祖李渊将他们派给了二儿子李世民。秦王李世民很久以前就听过他们两个人的大名，对待他们非常尊重，任命程知节为秦王府的左三统军，任命秦叔宝为马军总管。与李密相同，秦王李世民也在三军之中精心地挑选出来了 1000 多名精锐骑兵，都穿着黑衣，戴着黑甲，分成左右两个队，由程知节、尉迟敬德、秦叔宝以及翟长孙等骁勇善战的将领进行统领，号称"玄甲队"。每次与敌人交战的时候，秦王李世民均会披上黑色的战甲，亲自带领玄甲队充当前锋，寻找机会进行攻击。他们的战斗力非常强，可以称得上是"所向披靡，无人能与之进行匹敌"，使敌人望风披靡。

程知节曾经跟随秦王李世民征讨宋金刚、窦建德以及王世充等部，又担任过左一马军总管的职务，每当作战的时候，他都冲在最前面。程知节因为赫赫战功被册封为宿国公。公元 621 年 1 月，在洛阳外围与敌军作战的时候，行台仆射屈突通与赞皇公窦轨率领将士进行巡营，突然和王世充的部队相遇，在双方交战的过程中，唐军被击败了。在这种情况下，李世民马上带领玄甲队火速赶去救援，将王世充的部队打败，并且将王世充的骑将葛彦璋俘虏，同时斩杀了 6000 多名敌军。而王世充则在慌乱当中逃到洛阳。公元 624 年，唐朝的军队将各个割据势力以及农民起义军全部击败，完成了统一全国的大业。

在贞观年间，程知节先后连续担任泸州都督之职，后来又被册封为左领军大将军，和长孙无忌等人一样可以世袭刺史，后改封为卢国公，授予其普州刺史。公元 643 年 2 月 28 日，为了对那些曾经跟着自己打天下的人进行纪念，唐太宗李世民命人画了 24 名功臣的画像，放在凌烟阁内，画像的大小都与真人一样。程知节的画像也在其中，位列第 19 名。同年，程知节被任命为左屯卫大将军，驻军于检校宫城北门，并且加封为镇军大将军。公元 665 年，程知节离开了人世，朝廷追赠他为骠骑大将军以及益州大都督，与此同时，还给了他陪葬于唐太宗的昭陵的荣耀。

局势分析

历史上真实的程咬金的经历与《隋唐演义》有些相似，可是他真的没有做过什么"混世魔王"。他先投奔李密，待李密失败之后，又归顺了王世充。不过，没多久他就看出王世充并不是一个仁慈的主公，于是就与秦叔宝一同向大唐投降。从此之后，程咬金开始为大唐王朝南征北讨，东挡西杀，因为立下了无数战功而被册封为宿国公，而《隋唐演义》中是鲁国公。后来，秦王李世民登基做了皇帝之后，程咬金不断地升迁。公元 665 年，程咬金身亡。

由此可以看出，正史中的程咬金并不像《隋唐演义》中演得那么"二"，他是一个十分规矩的武将。虽然历史材料中并没有留下太多的关于程咬金的记载，但是总体上来说，程咬金是一个武艺高强，有勇有谋的英雄人物，曾经为大唐王朝的创建与发展立下了不朽的功勋，是当之无愧的凌烟阁 24 名功臣之一。

说点局外事

程咬金原本是山东人，在很小的时候，他的父亲就去世了，与秦叔宝是总角之交。后来，程咬金跟着母亲逃荒至历城，与秦叔宝分开了。长大之后，程咬金由于贩卖码盐，将捕快打死，被判了刑。不过，非常幸运的是，他刚刚坐了三年牢就遇到了隋炀帝杨广大赦天下。于是，他就从大牢中出来了。出狱之后，程咬金在母亲的教诲之下，决定干一些正经的买卖，于是就开始卖柴扒。但是，他却遇到了尤俊达。尤俊达想要骗程咬金去做盗贼，教程咬金斧法，但是程咬金怎么也学不会。有一天，程咬金梦到一位奇人教了他一套精妙绝伦的斧法。当他醒来进行演练的时候，却被尤俊达喝破，最后只记住了三招半，这就是所谓的"程咬金三斧"的由来。

皇室名将李孝恭

唐高祖李渊的堂侄河间王李孝恭是大唐王朝皇室著名的将领之一。当年，李渊在打天下的时候，他这位堂侄就为大唐立下了汗马功劳，是唐朝皇室中不多见的将才之一。

公元 620 年，李孝恭在对付萧铣的割据政权时，向唐高祖李渊献计献策。当然了，在这个问题上，传奇将军李靖也曾经为李渊献过计谋。上文已经叙述过，在这里就不赘述了。李渊认为李孝恭的计策可行，就将其晋爵为王，并且改信州为夔州，册封李孝恭为总管，命令他大量制作大型船只，训练士兵进行水战，为向萧铣发起攻击作准备。

萧铣与后梁宣帝有亲属关系，是宣帝的曾孙。当年，北周趁着梁国内部发生混乱的机会，进入梁国境地大肆地进行掠夺，只是象征性地将梁国保留了下来。在隋文帝时期，萧岩，也就是萧铣的爷爷反对隋朝统治，与陈国站在一边。陈国被灭了之后，隋文帝将萧岩杀掉。萧铣的家境十分贫穷，从小就失去了父亲，依靠着卖字作书来养活自己的母亲。在对待母亲的问题上，李孝恭是一个非常孝顺的人。因为族内的萧氏被选送进了皇宫，做了隋炀帝的皇后，身为族人的萧铣自然也会跟着沾光，萧铣被册封为罗川令。

公元627年，天下大乱，全国各地的起义军此起彼伏，岳州所有的文官与武将也都想着起义，征讨隋朝，大家原本是想推荐校尉董景珍作为首领的。不过，董景珍很有自知之明，他对大家说："我的家庭背景并不是丰厚，出身比较卑微，如果起事的时候以我为名，那么号召力必然不会强大。罗川令萧铣是梁国的王孙，并且他的胸襟宽广，颇有梁武帝的风范。另外，我曾经听别人说过帝王龙兴，均有符名吉兆，大隋王朝的冠带都叫作'起梁'，这在冥冥之中就暗示着萧家梁国应当中兴啊！如今，奉萧铣作为主公，也算是顺应天意，遂了人愿！"于是众人找来萧铣，与之商谈，发现真的是帝王贵胄，没有普通书生胆小怕事的样子。萧铣当然也非常高兴，在当天就自封为梁公，将旗帜换掉，制成了梁国的旗帜。

没有过多长时间，附近的起义军听说了他们的名声之后，纷纷前来投奔，虽然隋朝曾经先后派来大军围剿，但是最后都无功而返。于是，萧铣登基称帝，设置了朝堂百官。当隋炀帝杨广被杀之后，天下一时间没有了主人。岭表的各个州县都被萧铣招降了，九江与南郡也纷纷被梁国占领了。那个时候，东到三峡，南尽交趾，北据汉川，全部都归入了萧铣梁国的势力范围中，梁国拥有了40多万人，成为南方一个声名显赫的强国。

公元618年，萧铣将都城迁到了江陵，开始和刚刚成立不久的唐朝在军事上发生冲突。因为萧铣帐下的很多将领都十分蛮横，并且残暴，喜好杀戮，他就用罢兵作为理由将各个将领召了回来，想要趁着这个机会，给这些将领来一个"杯酒释兵权"。在梁国担任大司马之职的董景珍等人心中对此事怀有怨恨之情，纷纷反叛，但最后相继被斩杀了，这导致萧铣的诸多将领都惶恐不安，军队的实力也大不如从前了。

公元622年，李孝恭带着水陆十二总管，率领主力部队直接向江陵逼近。作为萧铣部下的江州总管盖彦举是一个胆子非常小，并且十分怕死的人，他将自己的五州之地献给唐军，并且打开城门，将唐军迎了进来。梁国将领文士弘等人率领将士与唐军对阵，但是他们根本就不是李孝恭以及李靖将军的对手，被唐军打得落花流水。萧铣在此之前刚刚为了调换将领而将很多兵士遣散了，他的身边仅仅只有几千人的宿卫之士在坚守城门。唐军忽然兵临城下，他急忙命令遣散到各个地区的军队迅速地返回来，可梁国的领土广阔，并且谷壑纵横，虽然众多军队急急忙忙地赶往江陵，但是非常可惜的是最终没有来得及。与此同时李孝恭率兵将江陵地区包围起来，没多久就将其拿下了，并且俘获了数千艘舟船。

梁国担任交州总管之职的丘和以及担任长史之职的高士廉等人原本是想要带着自己的部队来拜谒萧铣的，在得知梁国的部队被打败了的消息之后，再加上新主也不是非常欣赏他们，就全部转头归顺了李靖。萧铣始终贯彻着梁家所提倡的"仁义道德"，救兵很难及时赶到，他就对部下说："这真是老天不帮助梁国啊。倘若战至力屈而降，唐军肯定因为军士死伤而开始残杀城中百姓。怎样能够由于一个人的原因而让老百姓遭受此罪呢。如今，城池还没有被攻破，如果我先出城投降唐军，那么极有可能将所有的民众保全下来。众人失去了我，不愁找不到君主！"

这样的言辞多么令人感动啊。于是，他亲自巡城，并且下令将士向唐军投降，守城的军士们全部悲伤地哭泣起来。萧铣在对太庙进行祭拜之后，带领着文武百官到李孝恭的军门请降："应该死的人只有我萧铣一人，百姓没有任何的罪过，请务必不要对他们进行杀掠。"李孝恭将萧铣关到了一个囚车当中，随后押回了京师。

唐高祖李渊看到萧铣之后，就开始大肆地指责他的"罪过"，而萧铣则大义凛然地对答："隋失其鹿，英雄竞逐。铣无天命，故至于此。亦犹田横南面，非负汉朝。若以为罪，甘从鼎镬。"在对待萧铣的问题上，唐高祖李渊最终还是不放心，没有对萧铣手下留情，而是将其斩杀在都市。萧铣死的那一年，正好 39 岁，刚刚称帝 5 年。萧铣在与李渊对答的时候，表现得不卑不亢，所说的话也是句句有理，为人处世深明大义，他和唐军并没有什么深仇大恨，最后居然不能免于一死，由此可以看出，李渊这个人的气度不大。除此之外，另一个仁义的好汉窦建德也在兵强马壮的时候意外被俘获了，最后也被唐高祖李渊给斩杀了。

李孝恭将萧铣的部队消灭之后，就被册封为荆州的大总管，岭南的 49 州都前来归降唐军。公元 624 年，李孝恭又率领大军将江东辅公祏的反叛势力平定了，使得江南的局势得以稳定下来，随之，他被拜为扬州大都督，江淮以及岭南各个州都归他统率指挥。隋朝灭亡之后，天下大乱，李氏家族中除了秦王李世民的部队所向无敌之外，宗室当中只有李孝恭一个人能够独当一面，并且将梁国打败，为大唐王朝的发展立下赫赫战功。但是，李孝恭的本性宽容，没有任何的骄傲自得之色，因此，李渊与李世民都非常尊重他。李孝恭这位来自宗室的王爷在功成名就后，不仅没有欣喜反而感到悲伤，对自己的左右说道："我所居住的大宅子实在是过于豪华了，应当将其卖掉，然后再买一座比较小的院子，可以住人就行了。我死了之后，我的儿子们有才能，守此就可以了。倘若我的这些儿子没有才能，也可以防止如此好的大宅子便宜了其他人。"公元 640 年，李孝恭患上了一种急病，没多久就死掉了。那一年，李孝恭才 50 岁，正是壮年的时候。李世民亲自为他办理丧事，哭得非常伤心。

局势分析

作为唐朝皇室宗亲，李孝恭不仅胆识过人，而且还为大唐王朝立了很大的功勋，大大地促进了唐朝的发展，这在皇室当中并不是十分常见的。而且，李孝恭性情宽容，即便在功成名就之后也没有变得傲慢奢华，反而是以谨慎低调的态度处世。这是非常难能可贵的！但是，李孝恭的身上也有缺点，比如，在对待萧铣的问题上便可以窥视一二。萧铣可以算得上是乱世当中一个仁德的皇帝，并不是大唐王朝的叛臣，也没有对唐军殊死抵抗，完全站在百姓的角度思考问题，最终为了百姓才想到归顺唐军。而李孝恭居然没有任何礼遇待之，而是非常粗鲁地将其捆起来放到囚车中押回了京城。这也从侧面反映了他在对待投降的将领，最起码是投降的萧铣的问题上，没有宽广的胸怀与风度，没有为其他反抗唐朝的武装力量留下积极的影响。

说点局外事

李孝恭与长孙无忌均为唐朝初期的皇亲国戚，不同的是李孝恭属于内戚，而长孙无忌则属于外戚，倘若依据关系的亲近对功臣进行评定的话，那么李孝恭的排位是无论如何都不会在长孙无忌后面的，而且李孝恭也曾经为大唐王朝的发展做出过巨大的贡献。李孝恭与长孙无忌都有着非常华丽的包装，但是，究其根本，他们两个人却都是标准的投机家，只不过排名不一样，这只能说明李孝恭与长孙无忌的投机方式不相同而已。而也正是由于投机方式存在着差别，因此，这两个人的投机成果也是不一样的。

皇族大儒萧瑀

众所周知，所谓"凌烟阁二十四功臣"，指的就是曾经为大唐王朝的建立与发展做出过突出贡献的 24 个有功之臣。而出身皇族世家，有着高贵血统的萧瑀就是其中之一。因为他做官清廉，为人耿直，他的名字留在了广大人民的心中，成为流传千古的名臣之一。

萧瑀有着非常尊贵的家庭背景，梁武帝萧衍是他高祖，昭明太子萧统是他的曾祖父，后梁的创立者宣帝萧詧是他的祖父，而后梁明帝萧岿则是他的父亲。萧瑀从小就非常聪明，在年仅 9 岁的时候就被册封为新安王。后梁被消灭之后，他归顺了隋朝，因为他是隋炀帝杨广的妻子萧皇后的亲弟弟。

隋炀帝坐上皇帝宝座之后，由于萧瑀和皇后是亲姐弟，就提升他做了尚衣奉御、校检左翊卫鹰扬郎将。后来，又任命他为银青光禄大夫、内史侍郎。杨广认为他与萧瑀这个小舅子有着非常亲密的关系，就将不少相当重要的机密事务都交给他去处理。但是萧瑀这个人在政治上并不是十分合格，经常任意挑剔、批评杨广的诏书，所以，杨广慢慢地就对他十分厌烦，于是，对他的态度也逐渐地变得疏远，那些重要的事务也不再交给他处理了。

公元 615 年 8 月，突厥始毕可汗明面上以打猎为借口，实际上暗藏着阴谋诡计，率领骑兵 10 万多人，突然包围了雁门关。而这个时候，隋炀帝杨广正好就在雁门关。很明显，始毕可汗就是冲他来的，情况相当危急。这个时候，萧瑀对隋炀帝杨广说道："突厥的风俗比较开放，可汗的妻子也是被允许参与政事的，具有调动军队的权力。陛下的女儿——义成公主刚好能帮上忙，如果派遣一个使者悄悄地将这里的情况告诉公主，即便不能使其立即退兵，也不会有什么其他损失。除此之外，将士们都担心这个问题：倘若这次将突厥打败了，您是不是还要继续征讨高句丽，因此，众人的心中都并不是非常踏实。因此，您可以下一个诏书，承诺以后不对高句丽用兵了，专心致志地打突厥，大家就会将心中的大石头放下来，全心全意地上阵杀敌了。"

隋炀帝杨广一时之间也没有其他办法，就接受了萧瑀的建议，颁下诏书使辽东的战役停止，而且还派遣秘使前往突厥，向身在那里的义成公主告急。非常巧的是，义成公主也得知了突厥可汗的真实意图，也在想尽一切办法给予自己的父亲一些帮助。差不多在隋炀帝杨广的特使出发的时候，义成公主也派出专门的特使前往突厥可汗处告急，假称"北面有急"。当秘使将这个情报送到突厥可汗那里之后，他立即就将大军给撤了。

由于隋炀帝杨广始终想对高句丽用兵，如今却在萧瑀的强烈要求下答应不再征讨高句丽，这就使得隋炀帝杨广对萧瑀很不满，让他前往河池担任郡守之职，直接将他从京城贬了出去。

李渊在攻打并占领长安，于公元 618 年创建大唐王朝后，派遣专人前往萧瑀处进行招降。于是，萧瑀就带着他所管理的这个完整的郡投降了唐朝，随后被李渊册封为光禄大夫，封宋国公，又被任命为尚书。正是在此时，他正式加入了秦王李世民的阵营。当秦王李世民担任右元帅之职率领大军对洛阳发起进攻的时候，萧瑀担任府司马之职。当秦王李世民担任雍州牧时，萧瑀则跟在李世民身边做都督。刚开始萧瑀向李渊投降的时候，将自己在关内的所有田地、宅院送给了那些曾经对他有功劳的人。如今，大家看见他再一次返回来了，就纷纷将其拿出来送还了他。萧瑀不好意思拒绝，就转手将那些东西送给了其他与他有亲属关系的人，而他仅仅只留了一个家庙，用来对自己的祖先进行祭祀。

公元 618 年，他得到了李渊的认可与欣赏，被提拔为内史令，所有的中枢机密，内外事务，都由他负责管理。由于萧瑀的妻子独孤氏和李渊的母亲独孤氏属于同一个宗族的，所以，李渊与萧瑀的关系十分亲密。根据历史记载，每当李渊在听政的时候，肯定会特准萧瑀坐在御榻之上，并且非常亲切地将其称为"萧郎"。

那个时候，大唐王朝刚建立没有多长时间，由于萧瑀对于隋朝的礼仪制度非常熟悉，因此，那些国典朝议的制订就全都由他负责。他做事认真勤快，谨小慎微。有的时候，萧瑀一次就会奏数十条建议，基本上全部都被接受，因为在对待一些大臣所犯的错误上，他往往会大公无私，一点儿情面也不讲，所以不少人都对他十分畏惧。

唐高祖李渊非常欣赏萧瑀的才干，曾经亲下手诏对其进行表扬，还奖励给他"黄金一函"。在摆平王世充之后，萧瑀就开始担任尚书右仆射之职，国家内外的大小事情，他都要负责处理与查办。不过，由于他的个性过于正直，所以就导致他在对官员之间的关系处理的时候，严苛得有点儿过分了，使得有些官员产生了不满的情绪。于是，那些官员就联合起来到唐高祖李渊那里诽谤萧瑀。萧瑀觉得非常麻烦，就上书请求"避位"，令他意想不到的是，李渊不仅没有允许，而且没过多长时间又将他提拔为左仆射。从此事上，我们可以非常清楚地看到萧瑀在唐高祖李渊的心中有多么高的地位。

在唐太宗贞观年间，萧瑀这位十分正直的皇族大儒经历了三起三落。

在贞观初年，萧瑀因为某事公然在朝堂上和一名叫作陈叔的大臣发生了冲突，并且争吵起来。因此，他被以"御前不恭"为由，被罢免了官职。没过多久，萧瑀被再次起用，被任命为御史大夫。虽然萧瑀的论议十分明晰，但是有时偏颇不通，追究得太深了——唐太宗依赖的那些知名大臣，比如房玄龄、魏征以及温彦博等人，只要他们稍微有一些过错，萧瑀就严加对其进行弹劾。因此时间长了，他的御史大夫之职便被罢免了，改任为太子少傅，不再参与朝政大事。

几年之后，唐太宗李世民又重新起用他，又让他参与朝政大事了。然而，萧瑀这个人过于耿直、固执，每次在面见皇帝的时候，往往会不停地说道："玄龄辈朋党盗权"，并且还认为唐太宗李世民对其过于偏袒了。唐太宗李世民对此心中很不舒服，但是终究由于萧瑀忠贞居多而没有将其废掉。十分巧合的是，在这个时候，萧瑀因为信佛便声称自己想要出家，而唐太宗李世民则来了一个顺水推舟——对他的请求给予了批准。然而，令人意想不到的是，萧瑀后来又反悔，这让唐太宗李世民非常生气，下令将萧瑀爵位削去了，将他降为商州刺史。

公元647年，萧瑀再次被皇帝征召入京，被册封为金紫光禄大夫，并且重新恢复了他的封号——宋国公。同年6月，唐太宗李世民召见萧瑀到玉华宫畅谈，而萧瑀却突然患上了疾病，没多久就死在了宫中，享年74岁。当时，唐太宗李世民正在吃饭，当他得知萧瑀去世的消息之后，再也吃不下任何东西了。于是，他立即命令太子李治亲自为萧瑀发丧，并且还派遣专人前往他的家中吊唁。

萧瑀在临死之前，留下遗言："生而必死，理之常分。气绝后可著单服一通，以充小敛。棺内施单席而已，冀其速朽，不得加一物。"他去世之后，他的子孙后代就顺从他的遗志，"敛葬俭薄"。就这样，一代名臣萧瑀离开了人世，却永远活在世人的心中。

局势分析

纵观萧瑀的一生，他可以称得上是一个有着显贵出身，超凡才能，良好道德的人。当然了，他的身上也不可避免地存在着一些弱点，比如过于耿直，不容小过。

关于萧瑀的才能，我们可以从隋炀帝杨广被围雁门关上窥视一二。当隋炀帝面临万分危急的情况时，萧瑀建议隋炀帝派人去寻找义成公主帮忙，并且指出隋军将士心中都在担心打完突厥又要东征高丽，心中对于战争十分厌恶的心理，建议隋炀帝承诺平定突厥后，不再对高句丽用兵。虽然义成公主及时行动，萧瑀的计谋没有得以实施，而且还招致隋炀帝的怨恨，但是单从这个计谋的本身来看，萧瑀把握了正确的方向，敏锐洞察军心，足见萧瑀的军事才能。

而萧瑀"过于耿直，不容小过"的弱点，从他对待房玄龄、魏征以及温彦博等重臣的态度就可以看出来。他不管对方的官职有多大，也不在乎对方手中的权力有多大，只要他认为对方犯了错，即便是小错，也会毫不留情地揪着不放，弹劾不休。他们都是唐朝的肱骨之臣，所以，萧瑀的行为多次惹怒皇帝而被贬，但是他仍然坚持自己的信念。我们都知道，魏征是唐朝时期有名第一谏臣，秉性刚直，但是相较于萧瑀，恐怕还是差一些。萧瑀可以称得上是"天下第一犟"。

总而言之，萧瑀不以悦媚取容，是令人非常敬佩的，但是从在对待他人过于求全责备，且每每喜欢逞口舌之利方面看，尽管他有些才能，但胸襟终究还是有限的。因此，本谥为"肃"，被太宗改为"贞褊公"，是非常合适的。

◤ 说点局外事 ◥

唐太宗李世民曾经赠送给萧瑀一首诗为：

疾风知劲草，板荡识诚臣。

勇夫安知义，智者必怀仁。

这首诗的意思是：在猛烈的大风之中，才能够清晰地看出小草坚强不屈的韧性；在天下大乱的时局下，才能够正确地辨出臣子对于国家是否忠心。性情十分勇猛的人，又怎么懂得什么是道义，而那些拥有不凡智慧之人，心中肯定有着仁爱。从这首诗中，我们可以看出，唐太宗李世民对萧瑀的评价非常高，充分地肯定了萧瑀的忠心，并且对其赏识有加。

第二章　辉煌的贞观之治

　　唐王朝建立后，马上开始了统一全国的战争。在历时7年多的经略后，全国各地的割据势力基本上被扫平了。公元626年，李世民发动了玄武门之变，坐上了皇帝的宝座，史称唐太宗。李世民以隋朝灭亡为鉴，励精图治，发展生产，任用贤才，注重纳谏，努力改善与边疆各族人民的关系，促进中外文化的交流，使得政治清明，社会安定，经济快速发展，开创了"贞观之治"。

兄弟之间的争斗

　　随着秦王李世民的威望不断提升，手中的权力也不断增加，除了唐高祖李渊猜忌、担心之外，太子李建成也坐立不安了，齐王李元吉心中也十分不爽。于是，他们兄弟之间的明争暗斗开始了……

　　太子李建成对李世民这个声望与权力都比自己大的弟弟十分嫉恨，非常担心他会抢了自己的太子之位。于是，他就悄悄地指使担任庆州都督之职的杨文干在暗中招募勇士，然后将其送往太子府，以便使太子府的守卫力量得以充实。另外，他还命人制造了很多铠甲与兵器，并且将那些东西送到了杨文干处。

　　然而，非常不幸的是，负责对那些东西进行运送的人胆子非常小，他们在运输的途中，越想越感觉害怕，最后就主动地跑到唐高祖李渊的面前认罪了。对此，唐高祖震怒了。他可以容忍别人的能力并不是十分突出，但是绝对不会容许任何人造反的。于是，他迅速传旨相关人员前来，以彻查此事。在这种情况下，杨文干率领其部众公然造反了，而太子李建成则哭哭啼啼地来到李渊面前，极力为自己辩解，但最后被李渊关到了狱中。

唐高祖李渊一向担忧叛乱，于是就急急忙忙地将二儿子李世民叫来，并且命令他立即率兵将杨文干剿灭。李世民认为杀鸡焉用牛刀，杨文干那样的小人物根本不值得自己亲自出马，就对父亲李渊说，朝廷只要随便派遣一个将领过去就可以将杨文干的叛军消灭。

但是，已经被弄得有点神经质的李渊坚决不同意，并且向李世民许诺："如果你将杨文干的叛军消灭了，回来之后我册立你为皇太子，而建成就到四川地区做个蜀王。将来倘若他不服从你的领导，那么你可以任意对其进行处理，但是绝不要伤害他的性命。"听到父亲如此承诺，李世民心花怒放，立即率领大军进发了。

不过，李世民从内心看不上杨文干这个小角色，认为对方不配与他对阵。果然，李世民刚刚到达庆州，杨文干的阵营已经乱成一团了。而杨文干的人头也被人砍下来，送到了李世民那里。就这样，李世民没有费吹灰之力就将杨文干的叛军搞定而凯旋。

然而得胜归来的李世民仍然是秦王殿下，而李建成也从大牢中出来了，依旧做他的太子，唐高祖李渊似乎忘记了自己对二儿子李世民的承诺，再也没有提过那件事情。秦王李世民虽然不好意思主动向父亲李渊提起，但是心中已经对父亲的处事不公耿耿于怀。

面对李世民再一次立下功勋，太子李建成与齐王李元吉更为嫉恨，于是，他们开始想尽一切办法想要将这位亲兄弟除去。

有一次，太子李建成邀请秦王李世民到他的东宫去饮酒。秦王李世民刚刚喝了没几盅酒，突然感觉自己肚子疼痛不止。这个时候，李神通看着情况不太对劲，就赶紧寻找了一个借口，派人将秦王李世民送回了秦王府。秦王李世民回府之后，居然呕出了鲜血。这时，李世民心中已经非常清楚了，肯定是太子李建成在他的酒中下了毒，于是，急忙吩咐太医前来为他医治。秦王李世民服用了太医开的药之后，总算逐渐地好起来了。

太子李建成与齐王李元吉原本想要直接刺杀秦王李世民，但是秦王府中的勇猛将领非常多，他们担心一旦双方对战起来，自己这一方抵挡不住。于是他们经过慎重考虑决定先将秦王府中的那些骁勇之将们慢慢地收买过来。就这样，他们将有"秦王府第一勇"之称的尉迟敬德作为第一个拉拢的对象。

于是，太子李建成就私底下写了一封信，派人送给尉迟敬德。在这封信中，太子李建成声称要与敬德交朋友，并且还送来了很多金银珠宝。尉迟敬德是一个正直的英雄豪杰，对于太子李建成的这些"诱惑"断然拒绝了，他情真意切地对太子李建成的使者说道："我是秦王的下属，倘若我在私底下与太子进行来往，三心二意地对待秦王，那我不就成了一个贪利忘义的小人了吗？而这样的小人对于太子来说也是没有任何作用的啊！"说完之后，他就将那些金银珠宝"完璧归赵"了。

李建成作为唐朝未来的储君，放下高贵的身份去与一个小小的将领结交，最终还遭到了拒绝，相当气愤，但也毫无办法。而齐王李元吉则比太子李建成就更为歹毒了，他看到拉拢尉迟敬德没有成功，就在当天晚上派了一个刺客去刺杀尉迟敬德。尉迟敬德也是一个非常聪明的人，在拒绝太子的拉拢之后，就已经料到太子党不会轻易地放过他。到了夜晚，尉迟敬德还故意打开了自己家的大门。就这样，刺客畅通无阻地来到了尉迟敬德的屋中，但是他却发现尉迟敬德正靠在自己的床上，身边放着一把锋利的长矛。刺客看到这个阵势顿时明白了，人家尉迟敬德早已经做好了充足的准备。再加上尉迟敬德素有威名，如此光明正大地与尉迟敬德真刀真枪对打，极有可能会落败，所以那名刺客没有敢动手，就悄悄地按照原路逃跑了。

正当太子李建成、秦王李世民与齐王李元吉之间争斗不止的时候，北边的突厥前来进犯。这个时候，唐高祖李渊非常纠结，他认为二儿子李世民是不能派去的，否则，其战功与威望又要增加了。大儿子李建成刚刚出事，与叛贼杨文干有密切的关系。现在，只有小儿子李元吉比较合适。于是，李渊就派遣齐王李元吉率兵迎敌。

齐王李元吉接受任命之后，心中暗暗地想：既然军权已经到了我的手上，那么我就充分地利用这个千载难逢的机会，好好整治一下秦王李世民。于是，他就向唐高祖李渊请求将秦王李世民阵营中的尉迟敬德、秦叔宝与程咬金三位大将以及秦王府的精锐兵马都交给他指挥。唐高祖李渊认为，这样可以使二儿子李世民的实力被大大地削弱，就能够更好地对其制约了，于是就非常爽快地答应了。据说，齐王李元吉甚至与太子李建成秘密地进行商议，想要将秦王府掏空之后就直接将秦王李世民杀掉。当然了，这是后来秦王李世民执掌大权之后给出的言论，不一定就是历史事实。

有人给秦王李世民通风报信。秦王李世民觉得形势相当紧急，便即刻将长孙无忌与尉迟敬德找来，一起商量对策。长孙无忌与尉迟敬德都劝秦王李世民应当先发制人。秦王李世民说道："兄弟之间由于争斗而出现你死我活的现象，传出去会让他人笑掉大牙的。我们应该再等等看，倘若他们真的对我动手，我们再动手也不晚。"

在生死攸关的时候，尉迟敬德以及长孙无忌等人非常着急，因为他们很清楚，倘若太子党最后得了势，不仅他们的主子李世民没有好下场，而且他们也一定会死得非常惨。于是，他们非常强烈地对秦王李世民提出要求，让他先下手为强，甚至还威胁地说道，倘若秦王李世民不动手，那么，他们将会离开秦王府，不再为秦王李世民效命了。

秦王李世民看到自己的这些部下的态度如此坚决，于是也就下定了决心。那一天晚上，秦王李世民进入皇宫，找到父亲李渊，向他禀告了一件事情：太子李建成与齐王李元吉经常到后宫中寻欢作乐。换句话说，太子李建成与齐王李元吉与唐高祖李渊的妃子有染。李渊听了之后大怒。要知道，不管是在古代，还是在现代，淫乱后宫这样的事情是最让人忌讳的，因为这可是乱伦啊！

唐高祖李渊心中自然也很清楚这件事是多么重要，但是他也不可能单纯地凭借二儿子李世民一面之言就轻易地下结论。于是，李渊传下话说，等到明天天亮的时候，令太子李建成、秦王李世民与齐王李元吉一起进宫，当面对质，由他亲自查问。至此三兄弟之间的争斗进入了白热化……

局势分析

在绝大多数的古代人的眼中，皇权可是一个好东西，为了得到它，多少父子兄弟都反目成仇，相互残杀。唐高祖与他的儿子们自然也不例外。李渊与李世民原本应该是关系最为亲密的父子，但因为担心自己手中的权力受到制约或威胁，李渊处处防着自己的亲儿子李世民，在李世民屡次立下战功之后，不仅没有给予更大的器重，反而想方设法地削弱其势力。而秦王李世民与太子李建成、齐王李元吉之间的斗争就更激烈了。为了除去李世民这个可能会威胁到自己地位的人，太子李建成不惜向亲弟弟下毒，而李元吉也派刺客去刺杀李世民的得力部将尉迟敬德。李建成与李元吉合谋，想方设法地除掉李世民。亲兄弟之间为了权力竟然不顾骨肉亲情，走到了这个地步，真是令人叹息。由此可见，权力也是一把杀人不见血的刀。太子李建成、秦王李世民以及齐王李元吉三兄弟之间的明争暗斗，加快了李世民走向皇权最巅峰的速度，在一定程度上也促进了唐朝的发展。

说点局外事

齐王李元吉是唐高祖李渊的第四子，与太子李建成、秦王李世民是同一母亲（太穆皇后窦氏）的亲兄弟。李元吉刚出生的时候，长相十分丑陋，他的母亲窦夫人是一个相当爱美的人，怎么也接受不了自己这个丑儿子，就下令将其扔掉。这个时候，有一个名字叫作陈善意的侍女十分同情刚出生的李元吉，觉得他被自己的亲生母亲嫌弃太可怜了，就偷偷把他抱了回来，自己养着。等到唐高祖李渊回家之后，这位侍女就向李渊汇报了这件事情，从此之后，李元吉才死里逃生，重新回到他父母的身边。

李渊在太原起义，大军入关的时候，将李元吉留在了太原，使其镇守太原。大唐王朝建立之后，李元吉被册封为齐王。公元619年，刘武周率兵对并州一带发起进攻，一直在太原镇守的李元吉认为，自己是无论如何也抵挡不住的，于是，就直接将太原放弃，跑到长安与自己的家人团聚去了。后来，齐王李元吉与太子李建成在玄武门之变中被秦王李世民给杀了，那一年，李元吉仅仅24岁。

玄武门之变

唐朝的首都——长安城皇宫大内的北宫门，叫作玄武门。公元662年7月2日的早晨，明媚的阳光仍然无私地洒在整个大地上。可是，令人意想不到的，同时也是中国历史上一场非常血腥，也非常残酷的斗争即将在这里拉开序幕了，其主角居然是三个一母同胞的亲兄弟……

玄武门外的早晨，一切似乎都与平日一样。太子李建成与齐王李元吉各自从自己的府邸出发之后会合，一起慢慢地向玄武门走去。玄武门是一个地理位置相当重要的地方，可以毫不夸张地说，谁掌控了玄武门，就意味着谁握住了皇宫的大局。太子李建成自然也明白这一点。不过，他一直对这个地方很是放心，因为在他看来，玄武门的守卫将军都是他的人。然而，令他意想不到的是，他的人早就已经被秦王李世民拉拢到自己的阵营中了。

那天，在玄武门当值的是一个名字叫作常何的将军。他原本是太子的人，但是却被秦王李世民暗中收买了。在这场兄弟之间的血拼当中，常何起到了至关重要的作用。依据历史资料的记载，当太子李建成走到临湖殿的时候，身为军人的他，敏锐地感觉地到了很重的杀气。太子李建成感觉情况不太对，就赶紧向后撤。非常可惜的是，时间已经来不及了。秦王李世民忽然出现了，将太子李建成叫住，并且叫得非常大声。

这个时候，停下来的太子李建成与齐王李元吉才深刻地感受到，事情已经不在他们的预计当中了，已经严重地脱离了他们的掌控范围。因为在他们两个人的对面，居然站着很多属于秦王李世民的，并且是全副武装的伏兵！

在这关键时刻，齐王李元吉率先反应了过来。他立即将弓箭取下来，但是他因为过于紧张了，对面的敌人毕竟是与他有着血缘关系的亲二哥，虽然他曾想过除掉李世民，但是却没有想过自己亲自动手。因此，在异常紧张的状态下，他射箭的水平受到了极大的影响。尽管他率先将弓箭拿了出来，但是他的手却一直哆哆嗦嗦，始终不能将弓箭拉开。这个时候，对面的秦王李世民也迅速地将弓箭拿了出来，搭箭、拉弓，可以说是一气呵成。秦王李世民的箭头直接对准了太子李建成。结果，还没有从震惊中醒悟过来的李建成就这样被一箭射死了。

秦王李世民的这第一箭仿佛是一个信号，随后，他这一方的伏兵全部都拿出弓箭，众箭齐发，没多久，齐王李元吉就因为中箭从马上摔了下来。不过，尽管齐王李元吉从马上摔了下来，但是他并没有立即死去，他身边还有好几个亲兵。于是，双方就开始混战了。

当然了，这开战的双方在实力上存在着极大的差距，而齐王李元吉很显然属于势弱的这一方。然而，齐王李元吉可能是不想这样窝囊地死去，拼命地进行反抗。这时的秦王李世民不知因为什么有点儿走神。结果，李世民的马受惊了，开始肆意地进行狂奔。秦王李世民被自己的马带到了一片树林之中。

巧合的是，秦王李世民的马被树枝绊住，而他的衣服也被挂到了树枝上，一时之间居然怎么也脱不了身了。齐王李元吉看到这一情况，认为这是他扭转乾坤的最佳时机，就快速地来到秦王李世民的身边。因为忌惮于二哥李世民的高超箭术，他率先将二哥李世民的弓箭取了下来，并且准备用这把弓箭将李世民杀掉。于是，齐王李元吉就用那把弓狠狠地勒住了秦王李世民。而秦王李世民因为人马受困，没有能力反抗，不得不坐以待毙。

眼看着秦王李世民就要一命呜呼了，就在这个时候，尉迟敬德猛一回头看到了秦王李世民那边的情况，一声嘶吼之后，就策马飞奔而来。齐王李元吉一听那声嘶吼，就知道是尉迟敬德那个猛将军来了。因为他曾经是尉迟敬德的手下败将，所以看到尉迟敬德赶来，他也顾不得杀秦王李世民了，立即掉头逃命去了。

不过，尉迟敬德是不会轻易地将这个斩草除根的机会放过去的。尽管他知道在别人背后放冷箭并非英雄豪杰所为，但是如果这次不灭了齐王李元吉，那么就相当于纵虎归山，后患无穷。于是，尉迟敬德抽出弓箭，射了出去。片刻之后，齐王李元吉被箭射中，倒在地上。随后，尉迟敬德非常淡定从容地从马上跳下来，将齐王李元吉的首级割了下来。就这样，堂堂大唐王朝的齐王最后落得了一个身首异处的下场。玄武门之变到这里也暂时告一段落了。

虽然此时大局基本上已经定了，但是太子李建成与齐王李元吉的部下是不会善罢甘休的。没过多长时间，东宫以及齐王府的人就开始对玄武门发起进攻。秦王李世民这一边由于已经将太子李建成与齐王李元吉这两位政敌除掉，所以只要将这最后一波浪潮抵挡住，就会有非常好的前程在前方等着他们。因此，他们都非常勇猛，简直就是以一敌百，于是，双方就这样进入了僵持阶段。

东宫这一边还不知道太子李建成与齐王李元吉已经死了，他们只知道这样下去也不是办法，时间拖得越长，太子李建成与齐王李元吉的危险就越大。正当他们焦急万分时，一个名字叫作薛万彻的将军，提出了一个很好的计策——"围魏救赵"，直接将矛头掉转，向秦王府发起攻击。那个时候，秦王府所有的精锐兵马都被调到玄武门了，秦王府的防卫可以说是十分空虚的。当时身在玄武门上的众位将领都相当紧张，因为他们的亲属都在秦王府呢。

这个时候，尉迟敬德再次站了出来。他的手中拿着太子李建成与齐王李元吉两个人的首级，来到太子党们的面前。当那些想要对秦王府发起攻击的太子党们看到尉迟敬德手中的太子李建成与齐王李元吉的首级时，都傻了。他们楞了好一会儿，才清醒过来，明白大势已去，最终都选择了仓皇逃命。就这样，东宫府与齐王府的人马迅速地一哄而散了。惊心动魄的玄武门之变也就此结束了。

当太子李建成、秦王李世民与齐王李元吉三兄弟在玄武门斗得你死我活的时候，唐高祖李渊正在皇宫当中，焦急地等着他的三个儿子，他身边还有裴寂、萧瑀、封伦、陈叔达、宇文士及、窦诞以及颜师古等人。唐高祖李渊之所以召集这些重臣一起等待三个儿子，主要是为了弄清楚自己的大儿子李建成与小儿子李元吉是否真的与自己的嫔妃有染。

唐高祖李渊与众位大臣等了很长时间，也没有看到李建成、李世民与李元吉三兄弟的到来，李渊等得都有些不耐烦了。这个时候，尉迟敬德忽然带兵闯进了皇宫，禀报唐高祖李渊说，太子李建成与齐王李元吉阴谋造反，已经被秦王李世民给诛杀了。秦王李世民担心造反的乱臣贼子会惊动了皇上，专门派我前来保护皇上。接着，尉迟敬德又请求李渊下令，让东宫与齐王府的护卫不要再进行抵抗了。

唐高祖李渊听了尉迟敬德的话之后非常震惊，但是在这样的形势下，他也只能顺势应变，命令天策府司马宇文士及进行草诏并且宣敕，玄武门内外的动乱这才慢慢地平息下来。

政变发生之后，唐高祖李渊将秦王李世民召过来，进行安抚道："近几日以来，各种疑惑，就好像曾母投杼，不能够自解。建成与元吉，胆敢犯上作乱，也算是死有余辜。只不过事关骨肉，有这样的变故，既可恨又可悲。"秦王李世民趴在地上，向唐高祖李渊请罪求赦，痛哭了很长时间。

秦王府的人又对秦王李世民进行劝说："如果斩草不能够除根，那么，最终肯定会留下后患。李建成与李元吉各自有好几个子嗣，应该一并将其诛杀了，这样才可以无后顾之忧。"秦王李世民没有对其进行阻止，听任僚佐所为。这样一来，李建成的儿子河东王李承德、安陆王李承道、汝南王李承明、武安王李承训以及巨鹿王李承义，李元吉的儿子渔阳王李承鸾、梁郡王李承业、江夏王李承裕、普安王李承奖以及义阳王李承度，全部被抓了起来，一并被杀死了。

李建成与李元吉以及其子嗣被诛杀后，秦王府的诸位将领还要将东宫一百多名余党抓起来杀掉，并且想要将他们的家产全部没收。对此，秦王李世民都采用了默许的态度，仅仅只有尉迟敬德十分固执地为其争取道："罪在两位元凶，既然已经将其诛杀了，就不应该祸及他们的余党，这才是求取安定的良策。"于是，秦王李世民才向唐高祖李渊请旨大赦天下："凶逆的罪行，止于李建成与李元吉，其他的党羽，一概不进行追究了。所有的国家大事，都听任秦王处理。"

随后，唐高祖李渊册立二儿子李世民为皇太子，并且再一次下诏："从今天开始，军国大事，不管大小全部交给太子进行处决，然后闻奏。"这道诏书一经颁发，尽管李世民还没有受禅，但是实际已经相当于一位皇帝了。更重要的是，在玄武门之变中，李世民又收获了很多非常重要的治理国家的著名人才。比如，大唐第一诤臣魏征就是在那个时候被李世民收为己用的。

公元627年9月4日，唐高祖李渊将皇位传给了李世民。至此，李世民终于如愿地坐上了皇帝的宝座，历史上称为唐太宗。

局势分析

玄武门之变，兄弟骨肉相互残杀，最终两位元凶被诛杀，并且祸及了他们无辜的子孙后代。在世人眼中，李世民可以说是一代明君，但是从这次事件中，我们也可以对他的残忍窥见一斑。

李世民不但将亲哥哥李建成与弟弟李元吉杀死，夺下了太子之位，而且还强行逼迫他的父亲李渊将皇位让给他，以非比寻常的手段完成了最高权力的转移，然后开始了他那无比辉煌的明智君王的道路。对此，闻名中外的史学家司马光在他的《资治通鉴·唐纪》中是这样评论的：

"立嫡以长，礼之正也。然高祖所以有天下，皆太宗之功；隐太子以庸劣居其右，地嫌势逼，必不相容。向使高祖有文王之明，隐太子有泰伯之贤，太宗有子臧之节，则乱何自而生矣！既不能然，太宗始欲俟其先发，然后应之，如此，则事非获已，犹为愈也。既而为群下所迫，遂至喋血禁门，推刃同气，贻讥千古，惜哉！夫创业垂统之君，子孙之所以仪刑也。彼中、明、肃、代之传继，得非有所指拟以为口实乎！"

不过，我们也不得不承认，正因为李世民发动玄武门之变，除去了李建成与李元吉，成为皇太子，甚至皇帝唯一的候选人，才结束了皇子之间为了皇位的残忍争斗，对于社会局势的稳定还是有一定的帮助的。

说点局外事

当初，担任太子洗马之职的魏征曾经常劝导太子李建成尽早将秦王李世民铲除。在玄武门政变之后，李世民就将魏征召了过来，问道："你为什么要离间我们兄弟二人之间的感情？"那个时候，在场的人都暗暗地为魏征捏着一把汗。但是，魏征却没有丝毫慌乱，而是十分淡定地回答道："倘若太子能够早早地听从我魏征的建议，就不会有今天的灾祸了。"在平日里，李世民就非常看重魏征的才华，听了他这样的回答之后，就对他的为人更加器重了，于是就任命魏征为詹事主簿。

贞观之治的最大功臣

魏征为唐太宗李世民的江山立下不少功劳，时时刻刻作为一个警钟提醒李世民，要勤政爱民。唐太宗的朝堂之上可谓人才济济：房玄龄、长孙无忌、尉迟敬德、杜如晦、秦叔宝……他们要么是跟随李世民一起打江山，要么与李世民有姻亲关系，要么是李世民的长期合作伙伴，和这些人相比，魏征有些自惭形秽。

虽然在唐代并不十分看中门第出身，但出身名门望族最起码可以有傲视他人的背景。当然如果一个人的出身无法选择时，就要退一步，看一个人的"出处"，即是政治身份。一个人要想在千变万化的朝廷之上站稳脚跟，那么同时具备良好的出身和"出处"是非常重要的。但是，魏征这两样东西都不具备，那么就只能等一位伯乐了。而李世民就是这位伯乐。

魏征是一个孤儿，家境非常贫穷，却非常喜欢读书。为了养活自己，魏征还曾经在迫不得已的情况下出家做过道士。隋大业末年（618），魏征受到了隋武阳郡丞元宝藏赏识，被任命为书记。后来，元宝藏归降于李密，魏征也随之加入了李密的阵营，并且得到了元帅府文学参军的职务，主要负责掌控机密资料。

公元618年，李密败在了王世充的手中，在万般无奈的情况下向唐朝投降。此时，魏征就跟着李密一同入关，但一直没有受到重用。魏征满腹才华，对于这样的境遇自然会感到非常难受与不满。为了将这种非常尴尬的处境打破，魏征在第二年主动请求前往战争的第一线——河北，因为在他看来，越是危险的地方，越容易做出一番成就。魏征的请求被批准之后，他就立即飞马到达了黎阳，极力地对李密镇守在黎阳的将领徐世勣进行劝说，使其向唐朝投降。没有过多长时间，窦建德攻击并占领黎阳，俘虏了魏征。窦建德死了之后，魏征再一次回到了大唐王朝。这一次，他受到了太子李建成的赏识与重用，慢慢地成为东宫府中不可缺少的重要谋臣。

随着时间的推移，太子李建成和秦王李世民之间的斗争变得越来越激烈，魏征先后数次规劝太子李建成，让他先发制人，尽早将秦王李世民除掉。在玄武门之变后，李世民迅速地将朝政掌控在自己的手中，但是他却没有处死魏征。因为李世民非常爱惜人才，在很早的时候就相中了魏征的胆量与谋略，所以，他不仅没有对魏征治罪，而且还让魏征做了谏官，并且经常召见他，向他请教一些政治得失。为此，魏征非常感激，暗暗下定决心一定要竭尽心力地辅佐李世民这个明智的主子，做到"知无不言，言无不尽"。

也就是在李世民坐上皇帝宝座的那一年，魏征被提拔为尚书左丞。但是，没有过多长时间，有人状告魏征暗地里为他的亲戚安排官职。在当时，这样的事情属于任人唯亲的事件，是违背法令的。于是，唐太宗李世民下令严查。但是，查来查去也没有查到任何的证据，这纯粹是诬告。可是，唐太宗李世民仍然命人给魏征捎话，让他今后行事小心谨慎一些，远避嫌疑，不可再生出什么事端。

而魏征也是一个非常胆大的人，在这个时候也没有忘记对唐太宗的语言表达错误进行纠正。他直截了当地对唐太宗李世民说："作为君臣，我们应当相互协助，团结起来，倘若一味地讲究远避嫌疑，而不是秉持公道，那么国家就不可能发展。"说完之后，魏征又向唐太宗李世民提出请求，让他做良臣而不是忠臣。

唐太宗李世民一时之间没有办法分辨出这两个词语的差别，就要求魏征给予回答。魏征回答道："所谓'良臣'，指的就是在让自己享受无尽美誉的同时，还能够让自己的君王成为一代明智之君，让子孙后代也享受到福荫的臣子。所谓'忠臣'，指的就是让自己的君主成为一个暴君，让自己的国家陷入动荡之中，而自己也不能善终的臣子。通常来说，在太平时期，君王最需要的应该是良臣。因为这个时候，忠臣根本没有机会将他们的忠心表现出来。如果到了真正能表现他们忠心之时，那么国家的命数也就走到了尽头，所以大部分忠臣最终的下场都不太好。"

公元628年，魏征担任秘书监之职，开始参与国家大事。没多久，朝廷出了一件事情，按照常理说，这件事情并不大，但是却相当有意思。原来，长孙皇后得知京城中有一位长得美若天仙的女子。这名女子的父亲是一位员外，时年六七十岁。于是，她就建议唐太宗李世民将她纳入后宫。在古代社会中，妻子主动让丈夫纳妾的事情并不多见，没有人知道长孙皇后心中是怎么想的。

但是，唐太宗李世民毕竟也有爱美之心，既然是妻子主动提出的要求，那么就决定将这名美女纳入后宫。魏征知道此事后，对那位女子进行了解，得知对方早与别人家有了婚约。于是，魏征赶紧进宫觐见唐太宗李世民，苦口婆心地劝说，人家已经有了婚约，皇帝这样做是拆散别人家庭幸福的行为。这样一来，皇帝就不能很好地管理国家，百姓也就不能安居乐业了。唐太宗李世民一听事情居然如此严重，急忙道歉，表示自己不娶那位美女了。

这个时候，站在旁边的房玄龄等人却表示，那位美女根本没有与别人定下婚约，而且他们家甚至还上表证明的确没有订婚的事，再说也不能朝令夕改。所以，他们坚持认定，那份诏令是有效的，应当将那位女子娶入后宫。魏征与房玄龄等人说的都有道理，唐太宗李世民一时犹豫不决，不知道应该听谁的了。于是，唐太宗李世民再次将魏征召来商谈此事。魏征说道："那位姑娘的家人为何要对有婚约的事情进行否认，那是由于他们畏惧皇上的权势，担心皇上您会对他们进行报复。"唐太宗李世民听到这里也明白了，于是下令将之前的诏令收回来。

魏征总是能直言上谏，即便唐太宗李世民生气了，他也会毫不退让地与唐太宗李世民进行争论。正是由于这个原因，唐太宗李世民对魏征可以说是又敬又怕。每次看到魏征来，唐太宗李世民就有点儿发憷。

有一次，唐太宗李世民想要去秦岭打猎，所有的事情都已经准备妥当，但是却一直未曾动身。后来，魏征问起此事，唐太宗李世民才笑着回道："刚开始的时候的确有这个想法，但是害怕你生气，就终止了。"

又有一次，李世民得到了一只鸟，非常喜欢，放在手中玩弄。这个时候，魏征来了，李世民担心魏征会因此而批评他，就将这只鸟藏在怀中。其实，魏征早已经知道了，所以，故意一直与他说政事，结果，那只鸟就被憋死了。

当然了，李世民也有忍不住的时候。有一次，李世民下了早朝回到后宫，非常生气地说道："早晚我要杀了他。"长孙皇后听了之后，问道："陛下，您想要杀谁？"李世民回道："魏征，他总是在朝堂上刁难我。"长孙皇后听后，退了出去，换上礼服再来见李世民。李世民忙问原因，长孙皇后说："臣妾听说，君主贤明，臣子才敢直谏。今天，魏征敢于直言相谏，完全是因为陛下是贤明之君啊。臣妾怎么能够不祝贺呢！"李世民听了长孙皇后的这番话，才转怒为喜。

公元 632 年，大多数的文武百官都请求唐太宗李世民前往泰山进行封禅，以此来彰显无比强大的国力以及至高无上的功德。唯有魏征对此坚决反对。唐太宗李世民感到非常奇怪，于是询问道："这属于一件很好的事情啊，大家都表示赞同，为什么你要反对呢？难道你觉得我的功劳不算高，品德不算好，国家还没有彻底的安定，四周的少数民族还没有真心臣服，每年还没有很好的收成？还是祥瑞的事情并未出现吗？"

魏征大义凛然地回答道："以上所说到的几点，您现在确实已经做到了。但是，从隋朝末年天下大乱到现在，国家的人口还没有完全地恢复，仓库中的粮食也没有储存太多。如果您此时起驾前往泰山，如此多的车马兵士，必定要有很大的花销，而这所有的开销都要由沿途的老百姓支付，我怕他们未必能够负担得起。何况您前往泰山封禅，那必须邀请不少国家去参加，到了那个时候，那些外国头目与使臣们都会与您在一起。如果他们看见中原地区满地荒芜，人烟稀少，肯定会觉得我们的综合国力不强大，继而产生轻视的心。倘若您再对他们赏赐得不够周到，他们的欲望也不能获得满足。即使将赋税免除了，也不够补偿百姓损失。如此仅仅为了虚名而对国家没有任何实际好处的事情，您为何要去做呢？"不久之后，中原地区遭遇了水灾，泰山封禅的事情也就不了了之了。

公元 629 年，魏征开始负责"五代史"的编写工作，到了公元 636 年，前后经历了整整 7 年的时间，"五代史"才最终完稿。魏征亲自写了部分书籍的绪论或总论，被那个时候的人称为良史。同年 6 月，魏征的眼睛出了问题，于是就向唐太宗李世民请求辞去现有的官职。唐太宗李世民给予了批准，最后让他做了一个比较轻松的官职。尽管魏征已经不在其位了，但是唐太宗李世民仍然命他负责管理门下省。

到了贞观后期，唐太宗李世民开始追求奢华，懈怠政务。魏征看到这种

现象之后，就给唐太宗李世民呈上了一篇奏文，也就是《十渐不克终疏》。在奏文中，魏征详细地列出了唐太宗李世民从贞观初期到当时的十个比较大的变化，而且还在最后给出了十个建议，也就是"十思"。这篇奏文千古流传，至今仍然被许多人熟知。

公元 642 年，魏征因为生病而卧病不起，唐太宗李世民经常派人前去探望。魏征的一生都非常节俭，家中竟然没有一间比较好的正房。为此，唐太宗李世民下令将原本打算为自己修宫殿的材料，为魏征建造了一座很大的房子。非常可惜的是，没有过多长时间，魏征就病死在自己的家中了。唐太宗李世民得知这个消息之后，怀着非常悲痛的心情，亲自前来吊唁。当时，唐太宗李世民这样说道："夫以铜为镜，可以正衣冠；以古为镜，可以知兴替；以人为镜，可以知得失。我常保此三镜，以防己过。今魏征殂逝，遂亡一镜矣。"

唐太宗李世民在晚年的时候总是想攻打高丽，公元 644 年，他再一次将所有的文武大臣都召集了起来，就征讨高丽的事情进行商讨。这个时候，他忽然想到了魏征，于是，非常自负地说道："魏征活着的时候，对于朕讨伐高丽的事情表示反对，朕知道魏征的建议并不是正确的，可是为了不让言路被阻塞，朕不得不将错就错了。"随后，唐太宗李世民就御驾亲征征讨高丽，但是最终却以失败告终。当唐太宗李世民回到长安后相当悲伤，他十分后悔地说道："倘若魏征没有死，必定会劝我不要东征，那么也就不会有现在的败局了"。

局势分析

魏征原本是李世民的死对头李建成的部下，在玄武门之变后，加入了李世民的阵营。李世民经常"自比于金"，而以魏征为"良工"。魏征也非常高兴遇到像李世民这样如同知己的君王，竭尽全力地为朝廷效命。仅仅在贞观初年，魏征进谏的次数就多达 200 多次，而且几乎全部被李世民接受。作为一名诤臣，魏征不仅为朝廷提供了很多价值非常大的建议，而且还及时地对唐太宗李世民的一些不当行为进行阻止，防止其走错路，走弯路，从而大大地促进了社会的发展与进步。唐太宗李世民为此曾经说道："贞观之前，从我统一天下开始到继承王位，房玄龄的功劳，无人能敌。贞观之后，尽心竭力效忠于我，献纳忠说，安国利人，成就如今的功业，被天下所称道的人，只有魏征罢了。"

▌说点局外事▐

在世界历史上，曾经先后出现了两个政权，它们的名字都叫作"高丽"。一个是在公元前37年建立国家，在中国西汉时代的玄菟郡高句丽县领土范围内出现了一个地方政权，其名字叫作"高句丽"，中国的史书将其称为"高丽"。另一个是在公元918年，在朝鲜半岛创建的政权，国家的名字叫作"高丽"。通常来说，学界会根据其王室姓氏进行区分，因为前者王室姓高，所以将称前者称为"高氏高丽"；因为后者王室姓王，所以将后者称为"王氏高丽"。由于这两个政权的名字相同，因此，很多后人就认为此二者之间有着继承的关系，总是将它们混为一谈，实际上，它们是两个完全不想干的政权。

贞观是个什么样子

所谓"贞观之治"，指的就是唐太宗李世民在位期间的清明统治。既然被叫作"贞观之治"，那么它必定有其独特的地方。唐太宗李世民在坐上皇帝的宝座之后进行了一系列改革，抛出了一套十分完整的执政措施。根据各种历史资料的记载，大体可以概括为以下几方面：

其一，删减繁苛

唐太宗李世民起家时借助的是农民起义的力量，所以非常清楚百姓的力量足以决定一国之君的命运。为了避免自己重蹈前人的覆辙，在贞观初年的时候，他就非常重视处理与百姓之间的关系。他引用古人的话说道："舟所以比人君，水所以比黎庶。水能载舟，亦能覆舟。""国以民为本"，因此，民心

向背可以决定一个国家生死存亡。为了使国家得以安定，就一定要删减繁税苛政，先让百姓存活下来，富裕起来，使其"各有生业"。于是，唐太宗李世民推行"轻徭薄赋，减免税收"的政策，尽可能地减免百姓的徭役与赋税，从而令百姓能够存活。他说道："治国犹如栽树，本根不摇，则枝叶茂荣。君能清净，百姓何得不安乐乎！"只有减轻徭役赋税，粮食丰收，百姓才能够安居乐业，国家才能够得以安宁。根据历史的经验教训，李世民深刻地认识到"徒益其奢侈"就是危亡的根本。

为此，在贞观初年，唐太宗李世民就实施了很多限制奢侈、厉行节约的措施。比如，对营造宫室进行限制；将厚葬的旧俗陈规废除，规定丧葬一切从简等，如果有人违背，就必须按照法令进行处罚。在他带领下，当时不少重臣都开始推崇节约、简肃。同时，李世民能够体会百姓的疾苦，推行了一系列的"恤民"措施。

其二，唯才是举

在利用人才方面，唐太宗李世民做得非常好。他认为："为政之要，惟在得人，用非其才，必难致治。今所任用，必须以德行、学识为本。"并且，他也真的做到了唯才是举。

早在与各个武装集团进行交战的时候，他就相当重视搜罗人才，每当将一个武装集团打败后，房玄龄都会"先收人物，致以幕府。及其谋臣猛将，皆与之潜相申结，各尽其死力"。

武德四年，也就是公元621年，李世民还是秦王的时候，就已经网罗了杜如晦、房玄龄等诸多人才，并且对他们"恩礼优厚"。

到了贞观时期，李世民拥有很多人才。不仅有早年就追随在他左右的秦府幕僚，比如房玄龄、长孙无忌以及杜如晦等，而且还有政敌李建成的旧部，比如魏征、韦挺等；不仅有原本属于其他武装集团的人才，如岑文本、张玄素以及戴胄等，而且还有农民将领秦叔宝、程知节等；不仅有出身贵族的人才李靖等，而且还有出身卑微的人才张亮、马周等。

除此之外，还有很多出身少数民族的人才，比如阿史那社尔等。李世民在对待他们的时候，从来都是不论亲疏，不管门第，不避仇嫌，不分先后，只要你真的有才华，并且对唐朝是忠诚的，都会委以重任。为了能够选拔出合适的人才，李世民还制定了一整套很完整的制度，以便更好地搜罗人才，为朝廷效力。

更为可贵的是，唐太宗李世民能够知人善用。他能够了解每个臣子的优点与缺点，在使用的时候扬长避短，使他们"各得其所，各尽其才"。比如，对于房玄龄与杜如晦的任用就足以证明这一点。唐太宗李世民"每与房玄龄谋事，必曰：'非如晦不能决'。及如晦至，卒用玄龄之策。"所以，唐太宗李世民任命房玄龄与杜如晦二人位为尚书仆射，也就是宰相之职，一起管理朝廷政务。这样就能充分发挥个人的优势，以便集思广益，从而更好地将事情办好。

在官吏任用方面，唐太宗李世民也是十分重视的，尤其是对地方官的任命。李世民还作出这样的规定：五品以上的中央官吏才能保举县令，而各州刺史则需要由皇帝亲自选择与任命。因为李世民深刻地认识道"古人云，王者须为官择人，不可造次即用。朕今行一事，则为天下所观；出一言，则为天下所听。用得正人，为善者皆劝；误用恶人，不善者竞进。赏当其劳，无功者自退；罚当其罪，为恶者戒惧。故赏罚不可轻行，用人弥须慎择。"

其三，广开言路

唐太宗李世民明白，没有忠臣贤吏在一旁辅佐，单单凭借一个人的力量，是不可能将国家治理好的。所以，在"纳谏""纳贤"方面，他做得相当到位，这是历代皇帝没有办法比的。对于魏征所说的"兼听则明，偏听则暗"，他非常赞同。同时，他也能够理解"明主思短而益善，暗主护短而永愚"的道理。他认为："人欲自照，必须明镜；主欲知过，必藉忠臣。主若自贤，臣不匡正，欲不危败，岂可得乎？"因此，他以隋炀帝拒绝纳谏为戒，专门要求臣子们积极进谏。他曾经数次说过类似于"公等但能正词直谏，裨益政教，终不以犯颜忤旨，妄有诛责。朕比来临朝断决，亦有乖于律令者。公等以为小事，遂不执言。凡大事皆起于小事，小事不论，大事又将不可救，社稷倾危，莫不由此"的言论。

在李世民大力的提倡下，贞观前期，"进谏"与"纳谏"形成了一种风尚。

比如，魏征停止封禅的谏言，张玄素停止修建洛阳宫的谏言以及戴胄设立义仓的谏言等，都被李世民接受。在纳谏与纳贤方面，李世民与大臣魏征之间的关系可以称为君臣之典范。

其四，重视法令的制订与施行

在立法方面，唐太宗李世民的原则是"力求宽简"。他说道："国家的法令，必须简略，不能够一个罪名作数种条款。格式太多，官吏不能全部记住，更容易生奸诈。"制定法令，不但应该将繁琐的变成简略的，而且应当去重而轻。他专门强调，一旦法令制定出来后，就必须力求稳定，不能够多次进行改变。不管是在制订法令的时候，还是在修改法令的时候，都必须秉承十分慎重的态度，万万不能朝令夕改，轻易将法令变更。

在此思想指导下，李世民登基称帝后，就命令长孙无忌与房玄龄等人重新对《武德律》进行了修改，并且在贞观十一年（637）正式颁布《贞观律》。与此同时，他们还编制与删定大量令、格、式为律作补充。特别是对于死刑一而再，再而三从轻。刚开始的时候，"议绞刑之属五十条，免死罪，断其右趾"，后来，又更改断趾法为流刑，并且将"兄弟连坐惧死"之法删除。如此一来，与之前的死刑规定相比，几乎减少一半。

总而言之，从制订法令的基本倾向上来看，唐朝的法令务求宽平，并且在很大程度上克服了隋朝末年的法令太过苛刻的弊端。这有效地减轻了百姓之苦，同时对后世的封建国家制订法令也产生了很大的影响。

在"贞观之治"时期，法令贯彻执行得非常好。之所以会形成这样的局面，主要是因为君主李世民知道，单纯地依靠严酷的刑罚，是不能从根本上将问题解决的。只有实施仁政，不滥用重刑，才可以让百姓慢慢地懂得廉耻，官吏与百姓都遵守法令，盗贼就会慢慢地减少了。对于执法的官员而言，最重要的是严格执法做事。因此说官员是否能够按照法令断案，绝对不是一件小事，而是关系国家生死存亡的大问题。

唐太宗李世民鼓励他的臣子，对于那些不遵守法令的事情，应当敢于直谏，不可以等闲视之。只有朝廷上下都按照法令断案，才能够做到"庶免冤滥"。因此，李世民对于法令的严肃性与相对独立性，能够给予非常大的尊重，即便对自己的权威有损也会在所不惜。

其五，恢复与发展经济

唐太宗李世民知道，"一个国家以人为本，一个人以粮食为命，如果粮食歉收，那么，百姓就不再属于统治者。"因此，他秉承"国以民为本"的思想，一方面推行均田制，一方面采用"以农为本""与民休息"等政策。为了不让百姓错过农时，在征收赋役方面，实施以庸代役的租庸调制，尽可能地少征发徭役；为了鼓舞百姓开垦荒田，特别规定流亡归来的百姓能够减免赋役，设立义仓，在一定程度上救济那些有困难的百姓；为了促进人口的增长，以便增加劳动力，规定年轻的男女到了一定的年龄就应当嫁娶，对于寡妇，鼓励她们再嫁人，将宫中多余或者年老的宫女放回家自由嫁人，运用"御府金宝"将百姓由于灾荒而贩卖掉的孩子以及被突厥人抢走的人们赎回来；为了促进生产，修复并重新修建了很多水利工程。上述的这些措施，在很大程度上促进了当时社会经济的恢复与发展。

除此之外，在军事、外交以及民族关系，尤其是文化建设方面，李世民也都做出了不少政绩。因此，大唐王朝成为了那个时候世界瞩目的十分强大的帝国。

局势分析

每个英明的君王所处的年代往往会被后世称为"××盛世"或者"××之治"之称，比如，文景之治、康乾盛世等。所谓"盛世"，其实就是指那个时期的政治比较清明，贪污腐败并不严重，经济还算繁荣，老百姓也都有饭吃，边境没有受到骚扰。

一代明君李世民继承皇位之后，将年号定为"贞观"。他认真地吸取了隋朝灭亡的经验与教训，实行了一系列非常开明的政策，在政治、经济、军事、文化、思想以及民族关系等众多方面进行整顿与改革，大大地促进了国家经济与文化的恢复与发展，使百姓的生活慢慢地安定下来，国家的力量也逐渐增强，从而出现了"贞观之治"的繁荣富强局面，为以后的"开元盛世"奠定了良好的基础，对于后世，甚至全世界都有着非常重大的影响。

说点局外事

大唐王朝是那个时候世界上有最高文化程度，最为强大国力的一个国家。其都城长安与今天的纽约一样，都属于世界性的大都市。世界各国的英雄才俊们都认为大唐王朝是"阳光地带"，所以都拼尽一切力量地向大唐王朝跑。很多国家的使者到达唐朝之后，就会有一种进入天堂的感觉，感觉唐朝这样繁荣的文明，与他们的国家相比简直是有着云泥之别。他们再也不想回到自己的那破旧落后的国家了。于是，他们开始想尽一切办法留下来，梦想着成为一个中国人。

当时，不仅首都长安有很多这样的来自国外的"侨民"，而且在全国各地也有很多，特别是像广州这样通过贸易活动而发展起来的一些新兴城市，据说，那个时候，广州有20多万外国侨民。在中国古代历史上，贞观时期是非常罕见的开放时期。对于那些外来人员是否会讨论中国人的正常生活，是否会喧宾夺主，唐太宗李世民都不担心。另外，唐太宗李世民也不担心自己国家的人会一去不复返，忘记自己的根。这充分地反映了唐太宗李世民对于自己国家的自信，他深深地相信，自己国家不管是在经济上，还是在文化上，都是整个世界最好的。

文成公主进藏

公元641年正月十五元宵节，在首都长安，人们都处于高兴热闹的节日气氛之中。再加上由皇宫里走出来的送亲队伍，更是把这种节日气氛推向了高潮。送亲队伍里，为首的是皇族宗亲，江夏王李道宗，坐在花轿里的是文成公主。在这支队伍中，还有很多吐蕃人，他们是吐蕃首领松赞干布的迎亲队伍。唐太宗李世民很看重这次的和亲活动，专门在朝堂之上举办了一场隆重的仪式，还特意让宫廷画师阎立德创作了《文成公主降蕃图》，用来纪录这个重要的历史时刻。

吐蕃人一直生活在青藏高原一代，他们是藏族的祖先，过着放牧和耕种的生活。吐蕃人崇尚武力，认为战死是一种荣幸，如果一家几代人都战死的话，就会被称为"甲门"；但如果谁胆小逃跑，人们就会把狐狸尾巴放在他头上，以此来嘲笑他的胆小。

公元 7 世纪初，吐蕃人在青藏高原的势力越来越大。大约在公元 620 年，松赞干布的父亲（论赞索，即囊日松赞，又称朗日伦赞。）把西藏各部全部征服，被尊称为最高明、最坚强的君主。但不久之后，吐蕃就起了内讧，论赞索被反对他的旧贵族给害死了，吐蕃又处在分裂之中。

松赞干布上台时，还很年少。但他有智有勇，凭借自己的势力，重新把雪域高原统一起来。松赞干布是吐蕃历史上最杰出的统治者之一，他统一吐蕃王朝以后，在政治、经济、军事和文化上又实施了很多改革措施。在他的治理之下，吐蕃慢慢地成了一个非常强大的政权。与此同时，在唐太宗李世民的努力之下，内地出现了前所未有的繁荣的贞观之治的局面。唐王朝的繁荣昌盛，令松赞干布十分崇拜，他决心要与唐朝搞好关系，向唐朝学习。

公元 634 年，松赞干布首次派出的使者翻过雪山，克服各种困难，来到了唐王朝的都城——长安，进行访问。唐太宗李世民很看重这个实力强大的吐蕃政权，没过多长时间就让使臣冯德遐回访。就这样，唐朝与吐蕃交流的历史序幕正式被拉开了。

第二年，也就是公元 635 年，吐蕃的使臣又一次来到长安，向唐太宗李世民进献吐蕃的特产。唐太宗李世民非常热情地招待了使者。这次使臣回到吐蕃之后，带来了一个相当重要的消息，那就是唐太宗李世民已经同意把公主嫁到突厥与吐谷浑。

松赞干布得知这个消息之后，立刻让使臣备好了非常丰厚的礼物前往长安向皇室提亲。但是，这个时候的唐朝只是刚刚和吐蕃进行交往，对他们并不是很了解，所以没有同意。吐蕃的使者担心回去后受到惩罚，就自己瞎编，说道："刚刚到唐朝的时候，他们很欢迎我们，也赞成把公主嫁给赞普。但后来吐谷浑的首领也去了长安，唐朝皇帝就对这件事情没有兴趣了。看来肯定是吐谷浑从中作梗了。"

松赞干布听了之后十分气愤，立即率兵攻打吐谷浑。吐谷浑的势力其实很弱，根本抵挡不住吐蕃地进攻。双方刚一交战，吐谷浑就被吐蕃击败了，并且一路逃到了青海湖以北。松赞干布趁着这个机会打败了与吐谷浑一直友好互婚的党项与白兰羌。

随后，松赞干布率兵一直来到了唐朝的边境松州，也就是现在四川松潘，并且打败了松州都督韩威。然后，松赞干布的大军就在松州驻守，然后就派出使臣打着上贡黄金甲的名义，叫嚣着要来迎娶公主。他还甚至当面威胁道："倘若唐朝不同意把公主嫁过来，我就要领兵侵占唐土。"面对这样赤裸裸的威胁，唐太宗李世民沉着应对，他立刻命令吏部尚书侯君集为帅，领兵征讨吐蕃。松赞干布因为骄傲轻视唐军，结果他们的军营被唐军先头部队、右武卫大将军牛进达部偷袭了，一下子就损失了 1000 多人。松赞干布在惊慌中赶紧下令撤军。

通过这场战役，松赞干布见识到了唐朝的强大，心里是既惊恐又佩服。于是，他连忙让使者来唐朝请罪，也表达出想再次与唐朝建立和亲关系的美好愿望，其态度非常诚恳。唐太宗李世民也通过这次的事情，看出了松赞干布并不是庸庸之徒，非常有必要对其安抚，就同意了吐蕃的请求。

松赞干布得知唐朝已经答应和亲的消息后，欣喜若狂，决定让大相，也就是宰相禄东赞带领一个超过 100 人的大使团，拿着 5000 两黄金、数百件珍宝当作聘礼，来唐朝正式提亲，迎娶公主。

公元 640 年冬天，吐蕃的使臣来到长安，唐太宗李世民亲自接待了他们。相传，文成公主天生丽质，当时，有印度、波斯等 5 个国家的使者带着贵重聘礼先后来到长安提亲。唐太宗李世民对吐蕃不太满意，但是已经答应了又不好毁约，便故意刁难，就出了 5 道非常难的题。禄东赞非常聪明，很快通过了考试。而且，在之后唐太宗李世民的每一次提问中，禄东赞都能够给予很好的回答。所以，唐太宗李世民对他的印象非常好。

在禄东赞的努力下，唐太宗李世民最终除了同意把文成公主嫁到吐蕃，作松赞干布的妻子之外，又赐禄东赞为右卫大将军，而且还想让禄东赞迎娶琅琊长公主的外孙女段氏为妻。对此，禄东赞慌忙进行推脱，并且说道："我的家中已经娶了妻子，那是父母的命令，不能休掉。再者说，在赞普娶到文成公主之前，我怎么敢先娶呢！"唐太宗李世民对他更加欣赏，居然逼着他娶段氏作为妻子。

唐太宗李世民为文成公主备置了一份相当丰厚的嫁妆，并且送给她一大批陪嫁宫女、卫士、乐队以及工匠等。当文成公主去吐蕃的过程中，松赞干布早就带人在柏海，也就是今青海札陵湖等待公主到来。文成公主刚刚到达柏海，松赞干布就立刻举办了迎亲仪式。李道宗以家长和朝廷的双重身份担任婚礼的主持。松赞干布毕恭毕敬地对李道宗施以驸马之礼，并且他对唐人的穿着和文明都赞叹不已，感到自己国家的落后，就更有了向唐朝学习的决心。

藏历4月15日，经过一路奔波，文成公主终于到了都城。吐蕃人民穿着节日的衣服欢迎着王后的到来。松赞干布兴奋地说："今天我娶到大唐公主感到荣幸。我要修建一座城来纪念，让后人都铭记这件事情。"

文成公主嫁入吐蕃的时候，带去了关于很多方面的图书，还带去大批的农作物种子、生产工具以及很多工匠。从此之后，吐蕃人掌握了很多农业生产的知识和工艺技术，由此也使他们摒弃了当地很多不好的习俗。吐蕃在此之前是没有文字与历法的，都是通过刻木结绳来记事的。在文成公主引导之下，松赞干布创造了文字和历法，从此吐蕃有了自己的纪年与自己的文字历史记载。还有，文成公主信仰佛教，她入藏的时候带了一尊佛像和很多经书。在她的熏陶之下，松赞干布开始信佛，并且推广佛教，而且还建立了大昭寺。

文成公主嫁入吐蕃，还使吐蕃人对唐朝的先进文化产生兴趣。松赞干布派出很多人进入长安国学，学习了很多先进文化，而且还邀请唐朝的文人为他管理文书奏章。先进的汉文化，大大地改变了吐蕃社会。公元680年，文成公主仙逝。

局势分析

文成公主在唐朝与吐蕃之间的经济、文化交流方面起到了很重要的作用。唐代陈陶在《陇西行》写到："自从贵主和亲后，一半胡风似汉家。"很好的描写了公主入藏对吐蕃社会的影响。即使现在，文成公主在藏族人的心里也有很高的地位。

由于文成公主的影响，唐朝与吐蕃在公元710年又进行了一次和亲。唐中宗李显将自己的侄孙女金城公主嫁给了吐蕃的首领——尺带珠丹作为妻子，从而进一步巩固了双方的友好关系。尺带珠丹在给唐中宗的回信中写到："我与先皇帝舅家有亲戚关心，现在，我又娶了金城公主作妻子，从此以后'和同为一家'。全天下的老百姓，也就都能过上了和平快乐的生活。"

是的，唐朝与吐蕃和亲，双方结成了外甥和舅舅的非常亲密的关系。从此之后，在唐蕃古道上，每年都有很多信使往来。尽管有的时候唐朝和吐蕃间也会发生些许磨擦和战争，可是双方都对这种特殊的"甥舅"关系十分看重，最后都利用和平商议的方法将问题解决。公元784年，唐蕃会盟文中写："唐朝和吐蕃赞普世代结成婚姻，才创建了和睦友好的关系——"甥舅的国家"。两国安危共存，已经成为了一家人，有将近200年的历史了。"公元823年，唐朝和吐蕃再一次订立"唐蕃会盟碑"的时候，还对松赞干布迎娶文成公主作为妻子、尺带珠丹迎娶金城公主作为妻子的友好事件进行了追忆，并且先后数次重申双方之间的这种非常特殊的"甥舅"关系。这就充分地说明了在汉藏友好史上，由文成公主进藏所创建的唐蕃和亲关系有着相当深远的影响。

说点局外事

所谓"和亲"，指的就是在中国古代历史上出现的汉族和少数民族首领之间的有着一定政治目的的联姻。和亲现象的起源非常早，通常被认为是从汉高祖将宗室女嫁给匈奴单于开始的。其他的和亲如隋唐时代和突厥、回鹘、吐谷浑、吐蕃、契丹、奚以及南诏等和亲；西夏和金、辽、吐蕃以及蒙古都曾经进行过和亲；清朝时期则有满蒙联姻。

在中国历史上比较有名的和亲事件包括：公元前105年，江都王刘建的闺女细君公主嫁给了乌孙国王——昆莫猎骄靡为妻。细君公主死后，汉武帝刘彻又把楚王刘戊的孙女，也就是解忧公主嫁给了乌孙王——岑陬军须靡。公元前33年，后宫中一个名叫王昭君的宫女嫁给了匈奴的单于——呼韩邪。

公元 579 年，赵王宇文招的女儿被册封为千金公主，然后被嫁到了突厥，作了他钵可汗（即铊钵可汗，突厥第四任可汗）的妻子。公元 599 年，宗室杨谐的女儿，也就是义成公主嫁入了突厥，成了启民可汗（原号突利可汗，又作启人可汗，东突厥可汗）的妻子等。这种和亲的措施对于矛盾的缓解，中原王朝统治的巩固起到了很大的作用。从客观上来看，这也是促进了各个民族之间的友好关系，促进经济和文化的交流。

玄奘西游取真经

《西游记》是中国四大名著之一，属于一部长篇神话小说，它以唐朝有名的玄奘高僧西游取经的那段历史作为题材，凭借想象虚构出了一个又一个神奇的故事，塑造了很多生动的艺术形象，比如，唐僧与他的三个徒弟——孙悟空、猪八戒与沙和尚。当然了，还有很多妖魔鬼怪的形象。唐僧玄奘也因为这个原因成为了家喻户晓的历史人物

玄奘，俗姓陈，原本的名字叫祎，洛州缑氏，也就是今天的河南偃师缑氏镇人。他出家之后取法号为玄奘。由于他对于佛教的所有典籍经、律以及论三藏都十分精通，因此又被人们叫作"唐三藏"。玄奘从很小的时候，父亲与母亲就死了。他的哥哥陈素在洛阳净土寺中做和尚，法名为"长捷"。玄奘就跟随兄长长捷法师住在了净土寺，并且跟他一起学习了 5 年的佛经。

玄奘勤奋好学，在他 11 岁的时候就已经熟读了《妙法莲华经》《维摩诘经》等；在这期间，他又研习了小乘和大乘佛教。后来，他在 13 岁的时候被破格入选为僧人。再后来他就在寺中听景法师开始讲解《涅槃》，跟从严法师学习《摄论》。经过一段时间的学习他被提升为"复述"，并且对佛经可以进详细地分析与讲解，他也因此博得了大众的钦敬。

在公元 624 年的时候，他离开成都，沿江东下去学习与传授经法。他先到达了荆州的天皇寺。开始讲解《摄论》《杂心》，使得淮海一带的名僧都赶来听讲。在这讲完以后，他又继续前行，赶往赵州学习研究了《成实论》，后又到达扬州听惠休大师讲解了《杂心》《摄论》，并且吸收了他的精华，对自己的

见解加以完善。

公元627年，玄奘再一次来到长安学习外国语文和佛学。在此期间，他拜访了当地有名的佛教大师，先后从慧休、道深、道岳、法常、僧辩、玄会等大师那里学习了《摄大乘论》《杂阿毗昙心论》《成实论》《俱舍论》以及《大般涅槃经》等经论，使他对于佛经的见解又有了更高的提升。但是他也因此感到困惑，因为每个人对佛经都有自己的见解，而且也都有自己的道理，各派学说纷纭，使得他很难得出谁对谁错的定论。于是，他便下定决心去天竺学习佛教。

这一年，也就是公元627年，玄奘与陈表结伴，请求唐朝皇帝能够允许他们西行求法。但是在当时并没有获得唐太宗批准。然而玄奘决心已定，决定冒着违反国家法律的风险，私自去天竺。于是，他便从长安的神邑出发了。

公元628年1月，玄奘到达了高昌的王城，也就是今天的新疆吐鲁番县境，在那里他受到了高昌王麴文泰的礼遇，并且与他结为了兄弟。后来他又途经龟兹（今新疆库车）、凌山（今帕米尔高原耶穆素尔岭）、素叶城（即碎叶城，又作素叶城、素叶水城。今吉尔吉斯斯坦托克马克城西南）、迦毕试国（今阿富汗喀布尔河河谷一带）、笯赤建国（今中亚塔什干地区的汗阿巴德）、飒秣建国（今乌兹别克斯坦撒马尔罕城东）、葱岭（今帕米尔高原）、铁门关（今乌兹别克斯坦境内）等地，到达了货罗国故地（今葱岭西，乌浒河南）。后来他又开始向南行进，经过了缚喝国（今阿富汗巴尔赫）、揭职国（今阿富汗加兹）、大雪山、梵衍那国（今阿富汗巴米扬）、犍双罗国（今巴基斯坦白沙瓦及毗邻阿富汗一带）、乌伏那国（今巴基斯坦斯瓦特）等，最终到达看迦湿弥罗国（喜马拉雅山山麓的古国，约为现在的喀什米尔地区）。在此地学习《俱舍论》《顺正理论》及因明、声明等，并且向毗戍陀僧诃、僧苏伽蜜多罗、婆苏蜜多罗、苏利耶提婆、辰那罗多等佛学大师取得了纸张记录的佛学经典，前后共经历了两年的时间。

当他到达磔迦国（今巴基斯坦旁遮普）的时候，他跟随一名老婆罗门学习《经百论》《广百论》；到了那仆底国，今天的印度北部之菲罗兹布尔地方时，他跟随毗腻多钵腊婆学习了《对法论》和《显宗论》等等。他每到达一个地方，一定会跟当地有名的大师学习佛教经典。一直到贞观五年（631）时，玄奘历尽千辛万苦抵达了摩揭陀国（古印度王国）的那烂陀寺，并且跟着戒贤学习。

玄奘在那烂陀寺待了整整 5 年，在那里他受到了良好的待遇，还被选为了通晓三藏的十名高僧之一，三藏也就是当时的 50 部经书。他前后听戒贤大师讲解了《瑜伽师地论》《顺正理论》及《显扬圣教论》《对法论》《集量论》《中论》《百论》以及因明、声明等佛学经典。在此期间，他又自己学习了各种婆罗门书。

公元 636 年，玄奘离开了那烂陀寺，先后又到达了伊烂钵伐多国（今印度蒙吉尔）、萨罗国（古中印度）、安达罗国（印度半岛南，取代甘婆王朝）、驮那羯磔迦国（今印度东海岸克里希纳河口处）、达罗毗荼国（今印度马德拉斯以南）、狼揭罗国（今印度河西莫克兰东）、钵伐多国（今克什米尔查谟）等地，每到达一个地方，就会在该地访师参学。他在钵伐多国停留了两年，悉心对《正量部根本阿毗达磨论》及《摄正法论》《成实论》等进行研习，然后又重新返回那烂陀寺进行整理。

没过多长时间，他再一次离开，到达低罗择迦寺和那里的般若跋陀罗大师一起探讨有关三藏及因明、声明等佛学经典，后又到杖林山拜访了胜军，对唯识抉择、意义理、成无畏、无住涅盘、十二因缘、庄严经等经论进行研习，并且互相切磋，也对其提出质疑。两年之后，他再次返回了那烂陀寺。这时候，戒贤叮嘱玄奘要向那烂陀寺的僧侣讲解传授摄论、唯识抉择论等佛学经典。

这个时候正好赶上中观佛学派的清辨大师及弟子也在那里对《中论》和《百论》进行讲解。正好两个人之间形成了对立。于是，玄奘为了调和大乘中观、瑜伽两派的学说，就编著了《会宗论》三千颂（已丢失）。同时还参与了与正量部学者般若多的辩论，并为此又编著了《制恶见论》一千六百颂（已丢失）。此后，他应东印迦摩缕波国（今印度阿萨姆）国王鸠摩罗的邀请去该地讲经说法，后来他根据自己的理解编著了《三身论》（已丢失）。

接着，他与戒日王会晤，并且得到了该国的优厚礼遇。戒日王决定在曲女城召开一次佛学的辩论大会，并且让玄奘作为这次辩论大会的会主。这个消息传出，一时间就聚集了五印（古印度分为东、南、西、北、中五部）18个国王、3000个大、小乘佛教学者和外道2000人。当时玄奘在讲解论说的时候，任凭任何人对他进行发问，他都能有理有据地给发问者以信服地解释。随之，也让玄奘名震五印，被大乘尊敬地称之为"大乘天"，也被小乘尊为"解脱天"。后来，戒日王又坚决邀请玄奘去参加本国5年一度的无遮大会，历时75天。在无遮大会之后，他就带着取得的佛家经典返回了唐朝。

当他带着大量佛家经典回到大唐后，他便择机讲经说法，普度众生。因此，玄奘受到了唐朝皇帝的热情接待以及本国人民的热烈欢迎。为此，唐太宗亲自撰写了一篇长681个字的《大唐三藏圣教序》来嘉奖他为中国佛教发展所做的贡献，文中称赞玄奘是"松风水月，未足比其清华；仙露明珠，讵能方其朗润"。如此华美的句子，足以彰显唐太宗对玄奘的肯定和对他极高的评价。

后来，当玄奘病危的消息被唐高宗知道后，他立即派出了多名宫中的御医前往救治。遗憾的是在唐高宗麟德元年（664）的时候，玄奘在长安的玉华宫圆寂，死后葬于白鹿原。玄奘逝世后，唐高宗悲痛伤感，并且因此而罢朝，口中还反复叨念着"朕失国宝矣"。

局势分析

玄奘的一生是辉煌的，虽然他在求取真经的途中历经艰辛，但是他以顽强的意志最终实现了自己的梦想。他对于佛学的苦心研究让他登上了佛学高峰的顶端，他也因此赢得了世人的敬仰，为中国传统文化更增添了光辉的一页。

从玄奘翻译并传播的佛学经典来看，充分反映了公元5世纪以后与印度相关的学说。当时印度那烂陀寺等地方的佛学，已经被分为了因明、对法、戒律、中观和瑜伽等五科。他又根据自己的理解，在明科里译出了《理门》和《入正理论》，为后来的佛家逻辑规范奠定了论议基础。

对于法科，他也经过研习和努力，将几部比较经典的著作原原本本地传译到了本土；不仅如此，他在翻译的同时还加入了自己的思想和研习成果，显示出了他对法经理解的不同之处。对于戒律科，他翻译并传播了大乘唯一的著作《瑜伽菩萨戒》，并且也编著《受戒羯磨》，以此作为僧人日后行事的规范。对于中观科类，他特别翻译出了护法的《广百论释》，并且在其中显示了将瑜伽系思想贯通其中的伟大成就。瑜伽科，玄奘则翻译了多部经典著作。他所翻译并编著的这些著作可以说是当时那烂陀寺最为繁盛时期传承下来的佛学精华，而这些经典也基本上都由玄奘翻译传入了大唐。

说点局外事

南北朝以来，中国有不少僧人为了取经求法，克服各种各样的困难前往古印度，其中，东晋时期的法显高僧算是比较有名的。大唐王朝继玄奘以后，又出现了另外一位很有名的大师义净，他不仅是名旅行家，而且还是一位佛学大师。

义净，俗姓张，齐州，也就是现在的山东历城人。公元671年，他从中国的广州出发，乘坐着波斯的商船，前往遥远的印度，巡礼释迦的各个胜迹之后，也到过那烂陀寺去研究学习大小乘佛学。他花费了整整25年，游历30多个国家，在公元695年带着400部梵文经书回到了神都洛阳。

武则天得知他回来的消息之后，竟然亲自前去迎接他。回国之后，他首先一度参加实叉难陀译场，译出了80卷《华严经》；后来，他又在长安与洛阳主持译了12年的经，前后译出了61部佛经，239卷。

在回国的路上，他还完成了《南海寄归内法传》四卷与《大唐西域求法高僧传》二卷，非常详细地对南亚与东南亚不少国家的社会、文化以及宗教状况进行了记录，对于研究那些地方的历史、地理以及中外交通状况的价值是不可估量的！

鉴真东渡终不悔

在电视剧《西游记》的影响下，玄奘是唐朝的高僧是上至八旬老人，下到 3 岁儿童都知道的事情。其实，除了玄奘之外，鉴真也是唐朝时期著名的高僧。想要更多地了解鉴真这位高僧，我们还得从日本的"大化革新"运动说起。

公元 645 年 6 月 12 日，日本发生了"乙巳之变"。以中大兄皇子与中臣镰足等人作为首领的革新派，趁着皇极天皇在宫中接待百济、高句丽以及新罗使节的机会，将外戚专权的苏我入鹿杀死了，并且支持孝德天皇，建元大化。于是，日本历史上非常有名的"大化革新"运动变由此开始了。在这场革新运动中，其革新的指导思想就是全方位地进行"唐化"，即大规模地引进、移植与模仿、学习非常先进而发达的唐朝文明，以便促使当时还十分贫穷而落后的日本发生改变，走向富强的道路。

日本在大力输入与接受容纳唐朝文化的过程中，其中，最为重要的内容就是中国化的佛教。此后的 100 年，大唐王朝出现了一位被称为"鉴真"的高僧曾经东渡日本，传扬佛法，被尊称为"日本文化的恩人"。

鉴真，俗家姓氏为淳于，扬州江阳县人，也就是今天的江苏扬州。他出家做了和尚之后，就取法号为鉴真。鉴真的父亲是一个相当虔诚的佛教信徒，曾经跟随着扬州大云寺的智满禅师受戒，对佛法进行学习。在这样的家庭氛围影响下，鉴真从很小的时候就对佛教表现出了非常浓厚的兴趣。

公元 701 年，鉴真 14 岁，被智满大师收为了僧人，并且住进了大云寺内。公元 705 年，鉴真依照那个时候佛教的规矩受了菩萨戒。到了公元 707 年，他离开佛寺去洛阳出游，后来又走到了长安。第二年，他就留在了长安的实际寺内依照恒景律师的要求接受了足戒。在这期间他巡游了两京，研究学习三藏佛学经典，在律藏方面有很高的造诣。之后，为他受戒大师有道岸、恒景等人，这些人都是当时有名的律学大家，而且大多都是南山宗的创始人道宣律师的再传弟子。

俗话说名师出高徒，所以他的律学研究才会那么透彻精深，不过他虽然继承了南山宗的佛率，但他从来都不会仅仅相信其中的一种言论。对于当时唐代流传的律学，除了优势很大的南山宗外，还有影响相对较小的相州日光寺法砺的相部宗以及西太原寺怀素的东塔宗等，在当时形成了三足鼎立的局面。所以每次鉴真在接受老师对律学的讲解时，他都会在私下里对其他两种律学也进行研究，然后集三家的精华作为自己的理解。在这之后，鉴真东渡日本时所携带的大量律学典籍，其中不仅有南山宗的律学思想，还包含了其他两家的思想。他在日本传授佛学思想以法砺的《四分律疏》和定宾的《饰宗义记》以及道宣的《行事钞》三部著作为主，其中以法砺、定宾的两本书最为主要。

在佛教的建筑和雕塑等方面，他也颇有研究，并且也有很大的建树。根据《唐大和上东征传》中的记载，鉴真后来又去过淮南，在那里宣传佛教的经典，教授当地僧人有关佛教的清规戒律，他每到一个地方，就会一边讲授佛教经典，一边为当地建造佛寺，其中造就了大量的菩萨和佛像。他不仅通晓佛律，而且，在医药学方面，他也颇有研究，并且非常精通对药物地品鉴，据传他曾经在大云寺的悲田院做过主持，在那里他为方圆百里的民众治病，并且还经常亲自为病者煎调药物，医道被众人称赞。

到了公元 742 年，日本的留学僧人荣睿、普照等人受日本佛教界和当地政府的委托，来唐朝学习佛教经典并且延请鉴真东渡日奔宣传佛教经典佛法，鉴真欣然答应了。从那一年开始一直到公元 748 年，12 年里，鉴真先后 5 次率人东渡日本，但由于当时航海技术的限制，根本无法抵御海上风浪、触礁等灾难的发生，经常会发生沉船事件，牺牲了好多民众。这也致使当时的某些地方官员一味阻挠，所以前 5 次东渡日本都以失败而告终了；尤其是在第 5 次东渡的时候，鉴真率领的船队遭到了狂风巨浪地袭击，他们在大海上一直漂泊了 14 天，幸运的是，最后他们漂到了海南岛的振州，也就是今天的崖县。

他们在往回返的途中经过了端州，这时候鉴真听到了日本弟子荣睿病故的消息，鉴真十分伤心哀恸，再加上当地的气候炎热，突然发生了眼疾，导致了鉴真的双目失明。但是他东渡日本去弘扬佛法的意志坚定，不会为任何事而动摇。所以在公元 753 年的时候，鉴真带领一些民众开始了第 6 次东渡，这一次终于成功了。他们到达了今天的日本九州，第二年的 2 月份又到达了平城京，也就是今天的奈良。

鉴真到达日本以后，受到了日本朝野上下盛大的欢迎。后来鉴真又分别为日本天皇、皇后以及太子等人进行了菩萨戒的传授；又为日本的 440 多位僧人传授了佛法；后来又将日本 80 多个寺院中旧的佛法更改为新的佛戒。也就是从那时候起日本才真正开始有了比较正式的律学。鉴真也因此被日本尊敬地称为日本佛教的创始人。

公元 756 年，鉴真被日本的孝谦天皇任命为大僧都，对日本所有的僧佛事务进行统一管理。公元 759 年，鉴真和他的弟子们苦心经营佛法，共同设计并建造了唐招提寺。这座寺庙的整个结构和装饰，全部都凸显了唐代建筑的风格和特色，是日本现存的天平时代留下来的最大最美的建筑群。从此之后，鉴真与众多弟子就一直留在了那里传授多佛律。

公元 763 年 5 月 6 日，鉴真在来到日本整整 10 年之后，在奈良因疾病去世，享年 76 岁。鉴真去世之前，他的弟子们还学会了采用干漆夹等最新的建造工艺，利用他们所有的学识为鉴真制造了一座写真坐像。这尊鉴真塑像闭着眼睛微笑，面容看上去十分慈祥，造型也非常优美，形态异常逼真，极其生动地将鉴真那宽厚仁慈的性格以及坚忍不拔的品质展现了出来。这尊塑像一直被存放在唐招提寺中，而且还被日本人奉为国家的珍宝。1980 年，日本政府为了显示与中国的友好关系，增进两国人民世代友好情谊，曾经将鉴真的坐像送回中国扬州"返里探亲"，以便供中国人民与佛教信徒对鉴真的瞻礼。作为中国与日本两个国家友好交流的使者，鉴真永远值得大家怀念。

局势分析

鉴真和尚东渡日本，极大地促进了中国文化在日本的流传和影响。在佛教方面，鉴真的东渡将佛法在日本弘化开来，由于受到了当时天皇的重视，还被授予"大僧都"，成为"传戒律之始祖"。在营造、塑像和壁画等方面，他与弟子一同采用了当时唐朝最为先进的建造工艺，为后来日本天平时代形成的艺术高潮更增添了耀眼夺目的光彩。

鉴真和他的弟子在书法方面都很擅长，在前往日本的时候，他们带去了中国古代书法家王羲和王献之父子俩的真迹，这对日本的书法影响很大，至今好多日本人民都非常热爱中国古代的书法艺术。当时日本存在的佛典，大多都是从朝鲜传入的，传授方式以口授和手抄为主，在这中间错误是在所难免的。根据《续日本纪》中的记载，那个时候的日本天皇曾经为此还委托鉴真对日本现存佛典中的错误进行校正。

除此之外，鉴真在日本传授了医药学方面的知识，对日本做出了突出的贡献，为此，他被日本人民奉为医药学的始祖。不仅如此，日本后来兴起的豆腐业、饮食业、酿造业等也都被认为是鉴真传授的行业技艺。

鉴真的东渡行为，在当时那航海技术还不成熟的封建社会，无疑显示了他们坚定的信念和超强的意志力，同时为中国古老文明和悠久文化地传播做出了重大的贡献，也为日本的发展和文明的创造贡献了力量。

说点局外事

从公元 630 年开始，到公元 894 年为止，日本先后共任命过 19 次遣唐使，大约有 13 次来到中国，另外有 1 次"迎入唐使"，3 次"送唐客使"。遣唐使团的规模少的时候有 100~200 人，多的时候则有 500~600 人。

遣唐使团有着完备的组织，诸多的人才，通常设有大使、副使、判官以及录事等。他们选择任命都是相当严格的，除了需要具备外交才能之外，而且还必须相貌端正、风度优雅，并且对唐朝的历史、礼仪、文艺以及当时的情况有所了解。另外，在遣唐使团中，还有很多留学生与僧人。

日本之所以会派留学生与僧人来到唐朝，其目的就在于学习吸收发达而先进的唐文化。在他们当中，比较有名的是阿倍仲麻吕、空海与圆仁。阿倍仲麻吕，汉名为晁衡，长时间留在中国，善于诗文，数次担任光禄大夫、御史中丞以及秘书监等职务。他和唐朝不少诗人都是好朋友，并且经常一起作诗唱和。公元 753 年，晁衡在回日本的路上遇到了风浪，所乘坐的船漂流到了越南，但他却被误传淹死了。为此，李白专门为他写下了《哭晁卿衡》的

悼诗。之后，晁衡克服了诸多危险，再一次来到长安，并且继续在唐朝担任官职，直到公元770年，因为疾病死在了唐朝。

空海属于一个来唐朝的学问僧。他在公元804年的时候来到了中国的长安，在青龙寺跟着僧人惠果对密宗进行学习。他在回日本的时候，带走了180多部佛经，并且在日本成立了密宗，成了日本密宗的始祖。他还与吉备真备一同创造出了日文假名字母，从此之后，日本才拥有了属于自己的文字。

圆仁也是一个来唐朝的学问僧。他在公元838年的时候，来到了中国，先后前往扬州、五台山以及长安等地进行巡礼求法，花费了将近10年的时间。公元847年，他带着585部（794卷）经籍以及佛像等法门道具回到了日本。他以自己入唐游学的亲身经历为依据，写了《入唐求法巡礼行记》四卷，成为了对晚唐社会政治、经济、文化以及中日两国关系进行研究的非常重要的历史资料。这部相当的珍贵文献和玄奘的《大唐西域记》以及《马可·波罗游记》被人们并称为"东方三大旅行记"，在世界文化史上有着非常高的荣誉与地位。

第三章 开创繁华的盛世

唐朝在高宗与武则天统治时期开始踏上强盛的道路。唐高宗即位之后继续推行各种发展经济与巩固统一的政策。没多久，武则天开始掌控朝廷政权，最后登基称帝，成为中国历史上唯一的女皇帝。在她的统治时期，唐朝（武周）的国力增强了，疆域拓展了，民族关系也得到了极大的改善，为唐朝强盛局面地到来奠定了基础。而唐玄宗即位之后，积极改革弊端，整顿吏治，兴修水利，重视农业发展与文化教育事业，提倡勤俭节约，抑制贵族势力，限制土地兼并，促使唐朝出现了政局稳定、人口增长、经繁荣的盛世局面，大大地促进了多民族国家的统一和发展。

改朝换代做女皇

纵观中国封建史，女人的地位向来远远低于男人。在皇宫之中更是如此，即便是皇后也只不过是皇帝众多"物品"中的一个，比较突出的，最多就是某一段时间内把持着朝政，做到垂帘听政罢了。然而，却有一个女子对这样屈居男人之下，相当不甘心。她想成为万人之上的"真龙天子"，并且最终也实现了这个愿望，在长达十年的时间中，成为了中国历史上女权的一种象征。她是谁？她就是武则天。

武则天的母亲杨氏是父亲的第二任妻子。武则天是杨氏所生的第二个孩子，上面还有一个姐姐。在武则天小时候，父亲原配妻子的两个儿子已经长大成人，并对母亲杨氏与武则天姐妹很不好，常常欺负她们。这给武则天幼小心灵留下了阴影，所以，武则天一方面渴望自己能保护母亲与自己的姐妹，另一方面又盼望能出现一个男人拯救自己与亲人。在这样环境下长大的武则天，慢慢地学懂了隐忍，并且形成了狠毒的性情。

公元 637 年，年仅 14 岁的武则天进宫做了唐太宗李世民的才人。刚开始时，唐太宗李世民很宠爱她。但没过多长时间，因为太史令李淳风的预言，武则天失宠了。所以，武则天的地位一直没有得到提升，做了 12 年的才人。不过，在唐太宗李世民病重时，因为武则天在一旁侍奉，就与唐太宗李世民的儿子，也就是后来的唐高宗李治产生了感情。

公元 649 年，唐太宗李世民驾崩，武则天被迫出家为尼。李治登基之后，有一次去烧香祭奠时与武则天相遇，两个人的感情才死灰复燃。没多久，武则天被接回宫中。心思缜密的武则天一边讨好王皇后，一边对付很得唐高宗宠爱的萧淑妃。在萧淑妃失宠后，又亲手杀死自己的女儿嫁祸王皇后，后因长孙无忌等人反对废后，王皇后才得以暂时安全。后来，武则天又利用各种手段，终于让唐高宗废掉了王皇后，册立武则天为皇后。

武则天做了皇后之后，就开始干预朝政。她一直没有忘记对当初极力反对自己当皇后的长孙无忌，觉得只要有长孙无忌在，自己就会永无宁日。于是，在武则天有意策划下，长孙无忌一派的大臣不是被贬，就是因为害怕武则天而转投向她。不过，武则天也知道，要想打倒长孙无忌不是一件容易的事情。

公元 659 年，她精心设了一个局，首先把韦季方与李巢卷了进去，说他们结党营私，想要造反；然后，她派心腹大臣许敬宗前去审理这个案子，想要诬陷长孙无忌。韦季方不愿做出伤天害理的事情，在严刑逼供下想要自杀。许敬宗抓住这个有利的时机，又编了很多他的供词向唐高宗李治汇报。对于供词中说国舅想造反，高宗不太相信。但许敬宗一再强调这件事情的严重性，稍有不慎，后果就不堪设想。武则天也适时地向高宗力陈述这件事情的危害，唐高宗李治原本就是一个没有主见的人，在听了他们的话后，心中真的开始有些不安，于是，他将长孙无忌的官位罢黜，然后把他流放到了黔州。没过多长时间，武则天又悄悄地派人前往黔州，硬逼着长孙无忌自缢而亡。

随后，武则天开始在朝廷中广泛地培植党羽，扩展自己的势力。皇后是她刚开始的愿望，现在真的坐上了这个位置后，她发现自己还有更多的东西可以去争取，比如朝政大权等。于是，她又开始向着新的目标前进了。

有一次，唐高宗李治病了，不能看奏章。武则天就完全代替他进行批改，并且将所有事情都安排得很好，于是，高宗很放心地去养病了。但是当他痊愈之后，却发现武则天在处理政务时，自己居然没有办法插手了，武则天把一切都管理得非常好。

又过了几年，高宗越发觉得自己这个皇帝形同虚设，武则天几乎完全把持着朝政大权。尽管高宗心中有些不满，但也没什么办法。随着时间的推移，武则天变得越来越放肆，高宗终于不能忍受了，悄悄做了一个决定。正好在此时，宰相上官仪觉得武则天专权将会发生祸患，同时也看出高宗已经对武则天不满，就适时地派遣王伏胜向高宗上奏说武则天引道士郭行真入禁中行厌胜之术，请求皇上进行处置。唐高宗马上趁机让上官仪起草一份废后的诏书，想要废掉武后。但是，武则天在朝廷上下布满了耳目，又怎么可能不知道这件事情呢？

她得知消息后，暗暗吃了一惊，没有想到高宗会忽然这样做，顿时心中有些慌张。但是，不久，她就冷静下来，然后，直奔高宗的殿中。高宗一见到武则天，原本已经十分高涨的气焰马上熄了不少。武则天冷笑着责备高宗污蔑她，然后撕碎了诏书。高宗本来就有点儿害怕武则天，这个时候更不敢多说什么，只能任凭武则天妄为。武则天一边哭，一边控诉高宗不体谅她的苦楚，还想要将她废掉……

高宗再一次被武则天的媚惑之术打败了，连连向她道歉，而且还说这都是上官仪的主意，自己只不过错信了他的话才差点犯错误的。而且他还承诺，以后上朝的时候让武则天垂帘听政。武则天听了之后，才表示满意，又和高宗缠绵了一会儿，让高宗又体会到武则天所带给他的快乐。高宗在武则天面前提到了上官仪，那么，就注定上官仪要遭殃了。武则天指使许敬宗诬赖上官仪和原太子李忠造反，王伏胜加入其中，高宗立即处死了他们，就连上官仪的儿子上官庭芝也没有放过。与此同时，与上官仪交情好的的大臣都受到了牵连，全都受到了武则天的责罚。如此一来，在朝廷当中，武则天的声威已经达到了无人能及的地步，朝政大权基本上已全部落到了武则天的手中。

高宗也真的实现了诺言，不仅让武则天拥有了更多的权力，而且从此后每次上朝的时候，都让武则天垂帘听政。皇后垂帘听皇上的政，这在封建史上是绝无仅有的，同时，这也表现出了武则天夺权道路上的魄力。到了这个时候，朝廷大臣都已经知道武则天掌握着实权，就在很多时候都将奏事目标指向武则天而不是高宗，就连百姓上奏的时候，也都不光呈给高宗，这样，两个人共同执政的事情在天下传开了。

公元 666 年，武则天提出了一个十分大胆的建议——由她来主持禅礼在泰山的封禅大典的禅礼，并且得到了高宗的认可。她在典礼之上不断笼络人心，同时在典礼之后为朝廷众位大臣全部加官晋爵，于是，更多的人开始支持与拥戴她。后来，她又自己培养了一批学士，创作了大量的著作，而且还让他们直接参与朝政，这成为她对外廷进行控制的另一种力量。

公元 674 年，高宗开始称为天皇，而武则天则称为天后。于是，武则天对于政治方地控制变得更大了，在朝廷以及百姓的诸多方面全都开始施行新的主张和建议，高宗言听计从，一律照办。这个时候的朝廷，实际上已经是由武则天一个人说了算了。武则天凭借着其头脑和魄力正在一步一步地向着她心中的权欲理想前进。

尽管唐高宗很懦弱，但他却不是什么也没感觉到。他心中很清楚，武则天正在一步步抢夺所有的权力，而李家的江山快要改姓武了。但是，他又没有能力将武则天废掉。于是，他就想让太子李弘牵制武则天。他决定将自己手中的权力慢慢地转移给太子李弘，让他逐步执掌朝纲，最终执掌天下。他认为，李弘是武则天生的儿子，把权力都交给自己的亲生儿子，她应该能接受且这个天下最终也还姓李，这可谓一举两得。于是，他开始不停地让太子熟悉政事，在生病的时候就让太子监国，接受朝臣的奏事。因为太子李弘很得人心，所以正在逐渐地向着最高权力处走去。而武则天却眼睁睁地看着自己手中的权力正在一点点减少。

公元 675 年，高宗终于下定决心将皇位禅让给太子。他专门在议政的时候对百官进行询问，是不是在自己不能处理朝政之后由皇后摄政。尽管不少朝政要员支持武则天，但是由她来摄政的时候，很多朝臣还是接受不了的。于是，有些官员就站出来持反对票。高宗看到这样的情况之后，十分满意，就提出禅位给太子李弘，自己做太上皇。现在太子李弘也已经 20 多岁了，这样，所有的事情好像都是按照高宗的设计发展的。但结果却出现了一个令无数人想不到的情况。这件事情发生在太子监国期间，他发现萧淑妃的两个女儿，也就是义阳公主与宣城公主，这时都已超过 30 岁还被囚禁在宫中不能嫁人，显得非常凄凉。太子知道这都是母亲武则天的过错，开始有些反感武则天。于是，他向高宗奏明，请求将两个姐姐放出来，允许她们嫁人。高宗对此表示赞同，但是武则天却异常生气，就让两个身份十分低微的人娶了这两位公主。与此同时，武则天的脑中又产生了一个非常恶毒的计划。公元 675 年，太子李弘在与高宗、武则天一起用饭之后，竟然暴毙了。尽管表面上太子的死因好像不太明朗，但是很多人都知道，这是武则天下的毒手。

李弘死了之后，唐高宗的计划就算失败了。他感到心灰意冷，更加不想处理朝政了。在李弘死的那一年六月，他的弟弟雍王李贤，也是武则天所生的另一个儿子被册封为太子。那一年，李贤 22 岁。令唐高宗开心的是，李贤不仅聪敏机智，而且非常有见地。于是，高宗多次让太子贤监国，结果政绩居然很好，这也充分地显示出了李贤的才能。

武则天在将太子李弘毒死后，原本认为能重新将大权夺回来，但太子李贤随时都能登基为帝，她又面对一个丧失大权的局面。她内心很喜欢聪明的李贤，就想把他引到自己的阵营作助手。但太子李贤却经常想到哥哥的死，时刻防备着武则天，甚至为了以防不测，在马厩中还藏了不少武器。武则天为了将李贤控制在自己手中，多次召见李贤。但太子李贤害怕武则天会暗害自己，就多次抗命不从。武则天逐渐地由对他的喜欢变成了愤怒，于是就派人向唐高宗揭发太子李贤生活不检，而且时刻都有可能造反。唐高宗不相信，就派宰相薛元超与裴炎跟着御史大夫高智周前去调查，结果在马厩当中发现了很多兵器，于是，武则天更理直气壮地说太子李贤造反属实。唐高宗对此依旧不相信，但证据确凿，武则天又坚持要严惩，唐高宗只能在公元 680 年

8月，将太子贤废为庶人，流放到了巴州。几年之后，武则天就派人杀死了李贤与他的儿子，永绝后患。

公元680年8月，英王李显被册封为太子。公元683年12月，唐高宗驾崩，并留下遗言让侍中裴炎辅佐太子，而天后负责朝中的大事。唐高宗死了之后，李显继承皇位，历史上称为唐中宗。与此同时，太子妃韦氏顺理成章地做了皇后，武后也变成了皇太后。另外，李显遵从高宗的遗命，册封裴炎为中书令，辅佐自己。但是，对于手中能用的这一小部分权力，李显并不满足。他提升岳父韦玄贞担任豫州刺史，又想要册封他为侍中。裴炎对此表示坚决反对，他觉得韦玄贞没有一点儿功劳，怎么能够一封再封呢？唐中宗很生气，怒斥道："朕为天子，即便将整个天下都给了韦玄贞，又有什么不可以的呢？"

就这么一句话给他招来了大祸！此时的武则天，正在为怎么将朝政大权夺回来而发愁，听到李显说了这句话后，马上将百官召集到了乾元殿，宣布将李显的帝位废黜，降为庐陵王。中宗对此不服气，大声质问武则天自己到底犯了什么过错。武则天回答："既然你想要将整个天下都让给韦玄贞，那还做什么皇帝？"李显非常懊恼自己的鲁莽，但事情已经这样了，他也只好认命了。

只不过利用一句话的破绽，就将李显这个皇帝给废掉了，武则天的能力真的很恐怖。但在后来一段时间内，武则天却一直不提再立新君的事情。因为如今唯一能够继承皇位的，就只有她的小儿子豫王李旦了。武则天表面上表现得很平静，其实心中始终平静不下来，因为她在对群臣的反应进行观察。百官都知道武则天的心愿，就纷纷奏请她登基称帝，但李旦却仅仅向她进献了皇太后的封号。她明白现在登基还不是最好的时机，于是拥立李旦坐上了皇帝之位，历史上称为唐睿宗。但唐睿宗登基后，不仅没有实权，而且还被关在在后宫中。国家的一切军政大事，都由武则天天亲自处理。

武则天在掌握大权时，对武氏的几代祖先进行追封，为武氏修建了祠堂，而且还更改了唐朝官署与官职的名称，与此同时，还在其他很多方面做了调整。终于，朝廷中有一部分朝臣不想再忍耐下去了。面对武则天的各种行为，不少反对武则天的人聚集在扬州，打算发起一场反对武则天的战争。由于武则天的专权与狠毒，一场对决爆发了。不管她是否在做什么更为伟大的事业，这样对待自己的亲生儿子，即便是现在人听了都不免感到有些震惊，在当时就更容易引发事端了。于是，一场规模巨大的战争无法避免了。

在刚开始征讨武则天的时候，作为初唐四杰之一的骆宾王还专门写了一篇《讨武曌檄》，从而形成更大的声势。当武则天看到这篇檄文的时候，不仅没有恼怒，而且还为朝廷能有这样的人才而没有收罗入其帐下感到遗憾。虽然她觉得叛乱有些突然，但是丝毫不惧怕。她快速地集结了 30 万大军，只用了短短四十多天就击败了叛军。

接着，她派人找来了骆宾王，众人都感觉骆宾王这次要凶多吉少了，然而，出人意料的是，武则天不仅没有惩罚骆宾王，反而对其加以重用。由此能够看出，武则天很有政治家的范儿，在做大事的时候也是十分大度的。叛军原本气势汹汹，但武则天没费什么力气就击败了叛军，由此可见，武则天也是一位不可多得的能人。这个时候的武则天觉得时机已经成熟了，就开始想方设法为自己创造一些支持的声音，以便为登基做好准备。武则天的侄子武承嗣将一块刻有"圣母临人，永昌帝业"字迹的白石送给了武则天，武则天将其称为"宝图"。没过多久，她给自己加尊号为"圣母神皇"并且让朝中大臣改称她为"陛下"。

此外，在登基之前，她还做了很多准备。距离正式登基的日子越来越近了，但是"反武"的声音并未由于叛军被打败而停止。当她一步步地走向皇帝宝座的时候，李唐宗室王公们再也忍受不了了。他们联合起来一起率兵反叛，想要拥立中宗还朝为帝，让武则天从此由政治的舞台上退下去。武则天对此一点儿也不慌张，一个已经计划了大半辈子的谋划，怎么可能因为这点小叛乱就失败呢？不久之后，武则天就将所有的叛乱全都平息了，她继续向着最后一步抵进。

这一年，在新修建的明堂举行祭奠活动的时候，武则天首次穿上了皇帝大礼服的衮冕。而睿宗则在她的身后跟着。所有人都能够看出来，除了权力之外，即便在形式上，武则天距离皇帝之位仅仅只差一个头衔了。不过，这最后一步却是不容易做到的。她接受了侍御史鱼承晔的儿子鱼保家的建议，在朝堂的门前设置了一个铜匦，用来接受天下告密文书。与此同时，她还专门培养了一批残酷的官吏。于是，只要是有可能对抗她的李唐家族人，都由于被举报出来而受到了很严重的惩罚。如此一来，武则天又扫除了很多障碍，她明白自己已经能实现愿望了。所有的障碍已经消除，武则天终于走上了权力的最高峰！

公元 690 年 9 月，已经 67 岁的武则天终于实现了她一生的梦想，正式坐上了天下最尊贵的龙椅。她将"大唐王朝"改为"大周王朝"，实行了彻底地改朝换代。几日之后，武则天加尊号为"圣神皇帝"，以睿宗作为皇嗣。历史上称这个事件为"武周革命"。通过不断地努力，在克服众多磨难与挫折之后，武则天终于成为了一代帝王，成为了中国历史上第一个，也是唯一的女皇！

局势分析

武则天侍奉两朝天子，为了自己能够坐上女皇的宝座，谋害皇后嫔妃，对付反对她的大臣，甚至还杀害了可能阻挡其天子之路的亲生儿子，其心肠狠辣，手段残忍可见一斑。可是，我们也不能否认，武则天确实是一个有着卓越才能的奇女子。在武则天掌权期间，她也妥当地处理了很多朝政大事，实施了一些有益于恢复国力，造福百姓的措施，为大唐王朝做出了巨大的贡献，很好地挽救了唐朝的颓势。她的统治上承贞观之治，下启开元盛世，把那个时候的中国治理成了一个先进而发达，文明而昌盛的世界强国。武则天不愧是中国古代历史上杰出的女政治家。

说点局外事

高宗的嫔妃虽然不少，但是她们因为害怕武则天，都故意躲着高宗。在一段时间内，高宗觉得很郁闷。这个时候，武则天的姐姐和 18 岁的女儿来宫中做客。虽然武则天长得比她姐姐美，但是她的姐姐也是一个风华绝代的女子；姐姐的女儿正好芳华妙龄，更是貌美如花。高宗马上被这母女两个人给迷住了，封武则天的姐姐为韩国夫人，并且开始不断地召她们入宫，享受床第之欢。

有一天晚上，高宗正在和韩国夫人享乐的时候，武则天忽然来了，高宗吃了一惊，虽然心中略有不满，却不敢当面说出来。武则天厉声将床上的那个女人叫了出来，看到是自己的姐姐后，假装很惊讶，还说她一点儿也不怨姐姐，而且还很感谢姐姐替自己陪唐高宗。韩国夫人听了后，心中害怕，但也不敢出声。结果，第二天，韩国夫人就死在了宫中。大家都知道这事是武则天做的，但是谁也不敢说出来。

武则天广泛招纳贤才

为了增强政治力量，扩大政权的社会基础，武则天广泛地招纳人才，并且在对待人才的时候，相当宽容。武则天利用各种方式对庶族地主官僚进行扶植，并且从中寻找优秀人才。为此，她采用一系列的措施：

其一，朝廷派人到全国各地寻找并举荐可用之才。凡是被推荐的人，不管是否真的具有才能，都能够获得试用的机会。才能较高的人试着让其担任凤阁（中书）舍人、给事中等职位；才能略逊一筹的人就试着让他们担任员外郎、侍御史、补阙、拾遗以及校书郎等职位，从此，官员试任制度正式开始。

其二，不管是当官的还是普通百姓都能够毛遂自荐。这个措施不仅可以避免在举荐人才的时候有所遗漏，而且也为寻常百姓提供一个进入政界的平等机会。

其三，进一步发展科举制度，在增加考试科目的同时，也增加了录取的人数。与唐太宗贞观年间相比，武则天在位的时候平均每年录取的人数要增加一倍以上。

因为武则天在录用官吏的时候，从来不问出身与门第，要求也比较宽泛，所以官员的数量剧增，流于冗滥。不过，对于那些在试用期不称职的人，武则天也不会迁就，会随时将之撤换掉。如果谁在工作中失职或者犯罪，武则

天会毫不犹豫地将其处理掉。她利用刑罚与赏赐的手段来驾驭天下臣民。所有的政令都是由武则天自己作出的，明察秋毫，懂得决断，因此，那个时候，很多出色的人才都争着为她效力。

在武则天长寿年间曾发生过这样一个故事，担任左拾遗之职的张德的夫人为他生了一个儿子，张德非常高兴，就在儿子出生后的第二天，偷偷将一只羊杀了，并且邀请了一些亲朋好友来家中喝"三朝酒"。在张德邀请的朋友中，有一个名叫杜肃的人，当时担任补阙之职。拾遗与补阙都属于朝廷的谏官，因此，张德与杜肃也可以算是同僚。原本，这只不过是一次非常平常的宴请，由于是为了庆祝，众人来的时候都带了一份礼物表示祝贺。大家吃完饭，然后离开，本来不会发生什么事情。但是，这位叫杜肃的人却在吃饱后，偷偷地将一块肉饼带走了。他回到家之后，就给武则天写了一份奏疏，并且呈上肉饼作证据，控告张德。

第二天，武则天在上早朝的时候，专门将张德叫到跟前，询问："听闻你的夫人为你生了一个儿子，这可是一件值得高兴得喜事，朕祝贺你。"张德连忙磕头拜谢。武则天接着问道："那你用来请客的肉来自什么地方？"张德非常聪明，知道武则天有不少耳目，任何事情都别想瞒过她。这个时候，自己没有其他办法，只能如实禀报。于是，他连忙跪下，向武则天认罪。武则天说道："朕不允许对牲畜进行屠宰，但是红白喜事可以除外。不过，你以后如果再有喜事需要请客的时候，注意选择好的客人，不要什么人都邀请！"武则天说完之后，将杜肃的奏疏拿给张德看。这个时候，杜肃在一旁简直都要羞愧死了。

任用人才之前先要识别人才。要想很好地识别人才，就必须有一套有效的选拔人才的机制。如何挑选有才能的人呢？武则天将科举制度作为主要的手段。在科举制度方面，武则天主要做出了三大贡献：

第一，提高进士科的地位

唐朝的科举主要分为常科与制科。所谓"常科"，指的是每年都会举行的考试；而"制科"则是指皇帝下诏临时举行的考试，也可以成为"制举"。进士科与明经科是常科中非常重要的两种。原本，从级别上来看，进士科要比明经科低，但是，从武则天时期开始，进士科慢慢地演变成了科举考试中最为重要的一科。

武则天为什么要使进士科的地位得以提升呢？因为在选拔人才的时候，进士科更加有利。明经科主要考察的是对经典的记忆，这就要求对儒家经典十分熟悉，而要做到这一点的前提就是家中应该有经典。但是，平凡的老百姓家中的藏书通常都比较少，所以，这种考试有利于世家子弟，而不利于寻常百姓。而进士科则不一样，它考察的是文才，当然，这也需要知识的积累，但是更为重要的是依靠天赋与灵气。不少寒门小户的人，他们家中没有多少藏书，但是依靠自己的天赋与灵气在进士科考试中也能够脱颖而出。所以，如此看来，进士科更加公平，大大拓展了选拔人才的范围。

第二，充分发挥科举的作用

为什么在常科之外还要设立制举呢？它主要包括三方面的原因：首先，制举与现实有着非常紧密的联系，可以检验出考生的实际行政能力。其次，参加制举的考生范围十分广泛。再次，制举考试见效快，只要通过制举，就可以立即做官，选拔出来的有才能的人能够直接发挥自身的作用。

武则天从作为太后临朝称制之后，平均每一年半都会举行一次制举。而且，为了使考生与自己的关系更为亲近，武则天经常亲自主持殿试。公元659年，唐高宗主持了唐朝的第一次殿试，但是规模不算太大。

公元689年二月，武则天在东都洛阳洛城殿中亲自考察天下的贤才。后世将这一次考试视为科举史上的"殿试"之始。尽管这只是皇帝偶然代替主考官，亲自进行考察，与后来宋朝确立的殿试制度有着很大的不同，但是，却非常明显地表现出了武则天对于科举取士的高度重视。

为了这一次的殿试，在一年以前，武则天就下发诏书，让五品以上的大臣为朝廷举荐人才，还专门注明不限制人数。到考试正式开始的时候，有一万多名考生从四面八方赶来参加这次考试。这些考生全部聚集在洛城殿。武则天非常着急地想要选出可以为她的武周政权效力的人才，所以对于这一次的殿试相当重视，并且亲自监考。殿试中的所有问题都是她非常关心的时政问题。因为考试众多，科目也不少，所以考试的时间持续了好几天，可以说规模相当庞大。在这一次殿试中，年轻的才子张说表现非常出色，他的文采出众，言辞犀利，直接指出了武则天重用酷吏的各种弊端。武则天钦点他为对策天下第一，立即任命他为太子校书，使之从此正式踏入政界。

第三，开创武举

在武则天看来，虽然有的人文化水平不高，但是却有胆识有武功，因此，她又开创了武举。尽管这样，武则天还是总是感觉人才不足，所以她经常鼓励人们相互进行推荐或者毛遂自荐。

女皇武则天采用这么多渠道选拔了太多的人才，也会出现一些问题，比如，官职不够。面对这个问题，她想出了两种解决途径——增加新官职与大量试官。这样一来，剩下的人才都是经过甄选的真正有用的人才。为了给朝廷选拔有用的人才，武则天可谓煞费苦心啊！

当然了，女皇武则天的用人制度也出现了不少弊端，主要表现在选用了一些酷吏，制造了不少冤假错案；对武氏娘家人加以重用，促使统治阶级内部的斗争变得更加激烈；挑选任用男宠与谄媚小人，使得朝政大事被扰乱，社会风气被败坏。这些都对武则天的统治产生了一定的负面影响。

局势分析

因为武则天在选用人才方面不拘一格，采用了一种优胜劣汰的制度，这不但笼络了天下之人的心，让天下的人才甘愿为其效力，而且也真的选出了很多有才能的人，让他们有了施展抱负与才能的舞台。那个时候，他们不但成为武则天时期加强统治的重要支柱，而且其中有不少人还成为了唐玄宗时期，帮助朝廷开创"开元之治"的贤臣良将，比如，狄仁杰、魏元忠、姚崇、张柬之、宋璟以及张说等人在中唐以后都起到了相当重要的作用。如果不是武则天求才若渴，并且对人才十分宽容，就不会出现这样的结果。

虽然在此过程中也出现了一些问题与弊端，但是，总体上来说，在人才的选拔与使用上，武则天的的确确可以称得上是一代英明的君主！

说点局外事

武则天是中国历史上唯一一个正统的女皇帝，也是继位年龄较大，寿命较长的皇帝之一。在唐高宗时期，她为后宫之主——皇后，在唐中宗与唐睿宗时期，她为皇太后。后来，自立为武周皇帝，将国号由"唐"改为"周"，定都洛阳，并且号为"神都"。历史上称为"武周"或者"南周"，在位15年，于公元705年被迫退位。武则天认为自己就好像太阳与月亮一样伟大，高高地悬挂在天空，在登基称帝之后，上尊号"圣神皇帝"，去世之后，留下遗诏："去帝号，称则天大圣皇后。"

多年以来，对于武则天的大周王朝，学术界承认其存在，但是却没有将其单独地列入中国历史表中。这是为什么呢？大家众说纷纭，没有达成统一的意见。

有的人认为，古代"重男轻女"的思想非常严重，虽然武则天确实建立了大周王朝，但是历朝历代的封建统治者却并不承认。因为武则天永远是李唐的儿媳，以古代的伦理道德来看，她仍然是李唐的一份子。而且，继承她皇帝之位的是儿子李显，属于李家的皇室成员。所以，大周王朝没有被单独列入中国历史朝代表中。

有的人认为，之所以没有将大周王朝单独列出来的原因主要包括三方面：一是虽然武则天建立了大周王朝，但是却只经历了武则天一朝，没有传承下去；二是武则天在交出皇位，去世之前，留下遗照为"去帝号，称则天大圣皇后"；三是武则天最终是以皇后的身份与唐高宗合葬在一起的。

还有的人认为，武则天虽然建立大周王朝，但是国家的体制没有改变，仍然沿用了李唐的治国措施，对李唐的发展来说，起到了承上启下的作用，所以，昙花一现的大周王朝没有被单独拉出来，放入中国历史朝代表中。

总而言之，不管是什么原因，我们都可以肯定，学术界承认武则天的大周王朝存在过，但是却没有将其视为一个单独的个体，而将其放在了李唐历史中。

狄仁杰辅佐武则天治天下

看过电视剧《神探狄仁杰》的人都知道，狄仁杰是一个睿智机敏、秉公执法、明察秋毫的好官。他成功地破获了无数奇案，从不冤枉一个好人，也从不放过一个坏人，因此，深受朝廷的重视，深受百姓的爱戴。其实，在大唐王朝确实有一个刚正不阿、政绩卓著，并且具有远见卓识的政治家——狄仁杰。

狄仁杰出身于官僚家庭，从小家庭条件就比较富裕。他的爷爷叫狄孝绪，在唐太宗李世民时期担任尚书左丞之职。他的父亲名叫狄知逊，官职最高到州长史。封建家庭出身的他，自小接受了非常严格的教育，长大之后考明经获得官位，一开始担任汴州参军的职务。

然而，狄仁杰当官没有多长时间，就被贪官污吏污蔑他不听管教，他的案子由阎立本负责审理。在审讯的过程中，狄仁杰据理力争，把自己的冤情一一陈述。阎立本也发现狄仁杰是被诬告的，并且发现仁杰的才学十分出众，确实是一颗"沧海遗珠"，于是举荐他到并州担任法曹参军之职。

是金子总会发光的，狄仁杰就是一块名副其实的金子。公元660年，唐高宗李治带着皇后武则天到汾阳宫游玩，途中经过并州（太原）。那个时候的并州长吏名字叫作李冲玄，因为去汾阳官路经过并州境内的妒女祠，他害怕皇后武则天会发生什么意外，于是征召官吏民众数万人修筑道路，并且以此来取悦唐高宗李治与皇后武则天。狄仁杰知道他的想法之后就竭力反对，于是这才免去了一场劳民伤财的繁重劳役。唐高宗李治知道这个消息之后，称赞狄仁杰是一个真丈夫。从此之后，狄仁杰这颗金子在仕途上开始扶摇直上。

公元676年，狄仁杰被提升为大理丞，掌管国家刑法。他在任期间勤勤恳恳，清正廉明，平反了很多冤案。赢得老百姓的认可与爱戴。就在他升任大理丞的那一年9月，左威卫大将军权善才和右监门中郎将范怀义因为误砍了太宗昭陵柏树，唐高宗李治大怒下令要将他们处死。

狄仁杰接到唐高宗李治斩杀这两位大将的圣旨之后，向唐高宗李治据理上奏道："国家的法律很明确，两位将军罪不至死。"高宗听他这么说觉得很没面子，满脸不高兴地说："圣旨已下，君无戏言。"狄仁杰冒死直谏："今天就因为误砍了一棵树，就要杀两位将军，那么犯强盗罪的恶人该怎么处置？陛下把不该杀的人杀了，不遵守法律，天下百姓会怎么议论您呢？"唐高宗李治觉得狄仁杰说的有道理，于是收回了命令，改为流放。因为这件事情，狄仁杰名震京师。

后来，仁杰辞去大理丞的官职，到地方去做官，任宁州刺史。宁州这个地方非常偏僻，是各民族杂居的地方。狄仁杰到任之后，积极地采取各种合理的措施，使各民族和乐相处，受到了当地人民的爱戴，甚至还为他刻碑立传。狄仁杰离开的时候，老百姓们都夹道相送。

公元 688 年 6 月，武则天特意任命狄仁杰为江南巡抚使，巡察江南地区。狄仁杰到达之后，看到当地的老百姓都非常崇尚祭祀拜神，十分劳民伤财。于是，狄仁杰上奏武则天请求废除这个风俗。武则天立即准奏，于是，狄仁杰就毁掉了那些愚昧人心的鬼神之说，只留下了值得人民纪念和歌颂的夏禹、季札、吴泰伯、伍子胥 4 种神祠，供老百姓祭祀。

公元 688 年，武则天废黜唐中宗李显之后，操纵朝政的第 5 个年头，开始了频繁的政治斗争，她打击世族贵族官僚，扶植庶族地主，这些行为引起了唐朝贵族李贞的不满，于是他和豫州刺史琅琊王李冲起兵造反。但由于得不到老百姓的支持，最终以失败告终。

李贞在兵败之后羞愤自杀。豫州的官民听说由宰相张光辅统帅的军队要到达豫州，于是纷纷出城迎接。可是，张光辅所率的 30 万军队，却为了立战功，肆意地屠杀无辜的老百姓。后来又为了查出李贞的同党四处抓捕无辜的百姓，一时豫州冤狱无数。

正在这个时候，狄仁杰从江南巡视回到朝中，卸去了江南道巡抚使的官职，接受武则天的任命到豫州担任刺史。当他到豫州后看到冤狱横行的情况更感内心非常不安。于是一面下令平反冤情，一面向武则天请求从轻处置。武则天知道狄仁杰一向刚正不阿，所以上奏的情况一定属实，于是下令把那些死囚免去死罪改为流放丰州，这些流放的人在去丰州〔古区划名，虽此用名多处但影响大的有京畿道关内丰州与晋安郡（福建）丰州（今福州）。两地丰州未同时存在过，北丰州早但时间短〕的时候路过宁州（今甘肃省庆阳市宁县），狄仁杰曾经在这里做过官，宁州百姓热情接待了流放的犯人，并且说："是狄仁杰让你们活了下来"。于是流放的犯人和宁州百姓在为狄仁杰所立的德政碑下痛哭，表示对狄仁杰的感激之情。

但是，狄仁杰却因为豫州的事情得罪了宰相张光辅，他指责狄仁杰轻视将帅，并且恶意中伤，狄仁杰不畏惧强权，据理力争指责张光辅和李贞一样残暴，这下彻底得罪了张光辅。最后张光辅回朝以后上奏武则天说狄仁杰以下犯上、桀骜不驯、妄自尊大。武则天轻信他的一面之词把狄仁杰贬为复州刺史，后来又降为洛州司马。

在公元 691 年，武则天发现自己对张光辅偏听偏信，让狄仁杰蒙受了不白之冤。发现错误以后立即改正，于是武则天马上把狄仁杰调回了京城，并且对他委以重任，提升他为户部侍郎和宰相等要职。然而，好景并没有维持多长时间，公元 692 年的春天，武则天又偏信了她的宠臣、酷吏来俊臣的谗言，认为狄仁杰与人策划谋反。

那个时候，正好是武则天称帝的第 3 年，她为了巩固自己的大周政权，大肆地任用酷吏，实行告密机制，对唐朝的开国元勋及李氏的贵族宗室，进行诬陷并大开杀戒。狄仁杰也因此获罪，被逮捕入狱。可是，武则天对狄仁杰谋反的事存有疑惑，于是派事中李峤、大理寺少卿张德裕进行查实，岂料他们两个人害怕得罪酷吏，于是也诬陷了狄仁杰谋反的罪名。幸亏狄仁杰机敏过人，把自己的申冤状藏到冬天穿的棉衣里，并且借口天热让狱吏帮他把衣服带回家里。当他的儿子拆洗棉衣时发现了申冤状，于是带着申冤状向武则天申诉，最终免去了狄仁杰的牢狱之苦。

武则天晚年的时候，越来越昏庸，但是却越来越信任狄仁杰。武则天为了求长生不老药大肆修建寺庙炼制丹药，狄仁杰奉劝武则天以国家为重，敬佛要靠心不在于花费多少钱。武氏都听从了狄仁杰的谏言。武则天经常称狄仁杰为"国老"，由此可以看出，武则天对狄仁杰的重视。狄仁杰年老以后也曾多次请求告老还乡，武则天一概不准奏，每次觐见武则天都免除他的跪拜之礼。公元700年，狄仁杰因为疾病去世，武则天非常伤心，并且说从此朝堂无可用之人。由此表明武则天对狄仁杰的重视，到唐睿宗时又追封狄仁杰为梁国公。

局势分析

狄仁杰在青年时期就入朝为官，为大唐王朝效命数十年。他作为封建王朝一个杰出的政治家，尽忠于皇室，为李氏、武氏竭尽了心力，可谓鞠躬尽瘁。在为官期间，狄仁杰勤政爱民，明察秋毫，其政绩相当卓著。狄仁杰不畏惧恶势力，敢于直言进谏，受到老百姓的尊敬与拥戴。

正是因为狄仁杰的秉公办理，大唐王朝才少了很多冤假错案，使很多无辜之人得以保全性命；正是因为狄仁杰的直言进谏，让大唐王朝的当家人少走了不少弯路、错路；正是因为狄仁杰的呕心沥血，才在一定程度上促进了大唐王朝的迅速发展。狄仁杰的历史功绩昭彰后世，他的名字被千千万万的人记在了心间！

说点局外事

狄仁杰作为一位精忠报国的宰相，非常善于识别人才，所以经常向朝廷举荐贤才。有一次，武则天让狄仁杰推荐一位将相之才，狄仁杰就将当时担任荆州长史之职的张柬之推荐给了武则天。于是，武则天提拔张柬之做了洛州司马之职。没过多长时间，武则天又让狄仁杰推荐一个拥有将相之才的人，狄仁杰说道："上次推荐的张柬之还没有用呢。"武则天回答说，张柬之已经被提拔了。狄仁杰又说道："臣所推荐的人可以做宰相，而不是司马。"在狄仁杰的极力推荐之下，武则天任命张柬之为秋官侍郎。又过了一段时间，张柬之又被提升为宰相。后来，在狄仁杰死了之后的公元705年，张柬之趁着武则天病重的良好时机，拥立唐中宗李显复位，为匡复大唐王室作出了非常大的贡献。

大胆韦后敢乱政

众所周知，唐玄宗李隆基是中国封建历史上一位著名的君王。唐玄宗李隆基时期的"开元盛世"，是继"开皇盛世"与"贞观之治"之后使中国封建社会再次达到了鼎盛时期。唐玄宗李隆基从掌权到称帝，曾经经历了一系列的宫廷权力争斗，其中就包括韦后乱政，可谓惊心动魄！

公元 705 年 1 月，担任宰相之职的张柬之、崔玄晖与担任尚书右丞之职的敬晖、担任司刑少卿之职的桓彦范以及担任相王府司之职的马袁恕发动了"五王政变"，迫使已经 82 岁的武则天从皇位上下来，拥立唐中宗李显再次登基称帝，改周为唐。这样一来，所有的事情又重新走上了李唐王朝原来的轨道。然而，好景并没有维持多长时间，大唐王朝又陷入了一段长达八年之久的动荡岁月。

唐中宗李显十分懦弱，当初被武则天从皇位上赶下来，贬到房州时，整天担惊害怕，几乎成了一个神经质。每一次听说朝中有敕使前来，往往惶恐不安，甚至好几次都想要自杀。他的妻子韦氏同样与他一起受到幽禁，可以说饱尝了各类酸甜苦辣。但是，与唐中宗李显不一样的是，韦氏是一个非常坚强而且特别有主见的女人。每当李显想不开时，韦氏都会努力劝说。几年来，在韦氏的不断开导下，李显才没有轻生，坚持了下来，才有后来重新登基为帝的机会。所以，李显对韦氏深信不疑，从再次登上皇帝宝座开始，每次上朝时就会像当年武则天在唐高宗的龙椅旁一起参与朝政那样，让韦后也坐在自己的身边，与自己一起处理朝政。然而，韦后却在参与朝政的过程中，慢慢地表现出了想要效仿武则天称帝的野心。

韦氏先与武三思私通，并且与之结成韦武集团。后来，武三思被杀后，她又勾结朝中的一些大臣，极力培养自己的势力。宗楚客因为曾在暗地里向韦氏上奏，请求她效仿先太后武则天那样革新唐鼎，自己做女皇而受到韦氏的喜欢与宠幸。在她的干预下，一大批像宗楚客这样的奸佞小人成为了中书要地的官员，贿赂的风气愈演愈烈，直到最后公开贩卖官爵，妄自挑起边境争端。因此，国家的各种灾祸此起彼伏，弄得民声载道。韦后想要成为第二个武则天，坐上女皇之位的野心更是急剧膨胀，而且她也一天比一天更加忿恨唐中宗李显的妹妹太平公主、弟弟相王李旦以及三侄子李隆基。

太平公主是武则天的女儿，生性沉着冷静，反应迅速灵敏，其雄才大略一点儿也不逊色于她的母亲。武则天执掌大权的时候，非常宠爱她，不少事情都有她的参与。在唐中宗李显第二次登上皇帝宝座的时候，她为唐王朝做出了很大的贡献。朝中有很多大臣，都是太平公主推荐的。太平公主曾经与台阁大臣——萧至忠等一起成为了唐中宗李显最为有利的支持者。这使得韦后不敢轻易地做出决定，唯恐出现什么闪失。相王李旦也曾经在武则天将唐中宗李显废掉之后，被推上皇帝的宝座，过了几天当皇帝的日子。他在大臣与百姓的心中，向来以宽和仁爱而著称，有着很大的影响力与势力。李旦的三儿子李隆基从小就十分聪明伶俐，所以武则天曾经很喜欢与宠爱他，为他开府置官，并且预言他将来肯定会对江山社稷有显赫的建树。唐中宗李显登位没有多长时间，他忽然从潞州别驾任上回到了兴庆坊的临淄王府，广泛地与朝中的文武百官进行结交。这也让皇后韦氏感觉很受牵制。

唐中宗李显再次上台后，相王李旦与太平公主就上奏，请求早日册立太子，以便巩固国本。皇后韦氏生了一个儿子，名叫李重润，但却被武则天给杖毙了，现在只剩下了安乐与长宁两个女儿。唐中宗李显在没有与皇后韦氏商量的情况下，就立了后宫嫔妃所生的儿子李重俊为太子，这让皇后韦氏感到很愤怒。

不过，安乐公主李裹儿才是最为恼怒的那个人。因为安乐公主李裹儿也有成为一代女皇的野心。在唐中宗未立太子时，她还曾要求册立自己为皇太女。当李重俊被册立为太子后，在武三思的挑唆下，安乐公主李裹儿就经常与丈夫武崇训一起欺负李重俊，有的时候甚至直接称呼他为奴才。

李重俊因为受不了这样的侮辱，就在公元707年，与左羽林大将军李多祚、李思冲、李承况、独孤祎之以及沙托忠义等人假传唐中宗的圣旨，调集军队杀人武三思的家中，将武三思以及武崇训父子全部斩杀了，然后，又冲入后宫，想要向唐中宗李显申诉。皇后韦氏与安乐公主李裹儿却在唐中宗李显的面前，直接污蔑太子李重俊想要造反，并且逼着唐中宗李显不听取他的任何申诉，直接下令让军队对其进行镇压。结果，李重俊等人因为寡不敌众被斩杀了。

皇后韦氏与安乐公主李裹儿趁机让唐中宗李显追查太子李重俊余党的罪过。结果，肃章门内外诸吏全都被杀害了，然后皇后韦氏与安乐公主李裹儿就让其亲信重新派遣兵马前去肃章门驻守。她们又勾结宗楚客等奸佞小人，对相王李旦与太平公主进行陷害，说他们与太子李重俊共同谋划造反事宜，请求将其逮捕归案，关入天牢中。

这个时候，担任吏部侍郎兼御史中丞之职的萧至忠，跑到唐中宗李显面前哭着进谏："陛下拥有四海，却不能够容忍自己的一个弟弟与一个妹妹吗？"唐中宗李显听了萧至忠的话，才善罢甘休，不再找相王李旦与太平公主的麻烦。太子李重俊失败被杀后，皇后韦氏的气焰变得更加嚣张。8月，皇后韦氏命令百官向唐中宗李显上疏，并献上尊贵称号"应天神龙皇帝"。随后，宗楚客又率领百官上奏，请求加皇后韦氏尊贵称号"顺天翊圣皇后"。对于这些请求，唐中宗李显全部给予批准。公元708年，唐中宗李显与皇后韦氏一起前往太庙，大赦天下，皇后韦氏与唐中宗李显一起被称为"二圣"。

此时，安乐公主李裹儿与韦氏的妹妹郝国夫人、崇国夫人等也都仗着手中的权势，随心所欲地卖人情，收贿赂，最后居然公然贩卖官爵。当时的人们都将如此得到官职的人称为"斜封官"。公元710年，定州人郎岌向唐中宗李显上疏阐述了贩卖官爵的各种危害，明确地指出皇后韦氏与宗楚客等将会反动叛乱。

但郎岌的这份奏书却被皇后韦氏亲信中途拦截下来，并呈递给韦氏。皇后韦氏看完后，非常生气，命人将郎岌活活打死了。为了防止朝中的局势突然发生变化，皇后韦氏数次将宗楚客及她的弟弟韦元等召集到她的寝宫，一起商量怎样将太平公主、相王李旦以及临淄王李隆基除掉，以便能够尽早地实现她当女皇的美梦。

宗楚客等人殷切地告诫她，一定要要小心谨慎行事。同时，韦元还献计如下：首先，要在近期内，想尽一切办法逼着唐中宗李显将相王李旦与临淄王李隆基调离京都，以寻找机会在边远州府将他们翦除。其次，向唐中宗李显奏请下敕，命令全国各道、州以及县的"斜封官"，在"老母节（类似于今天的母亲节）"的前夕进入京师，在曲江为他们赐宴，一起欢度佳节，以便能够广集党羽，等到他日后有大用。

皇后韦氏按计让唐中宗李显下诏，命令天下的斜封官进入京师，与皇帝一起欢度"老母节"。此时，许州司马参军偃师人、燕钦融正想要在唐中宗李显的面前，将宗楚客等人的恶劣行径揭穿，于是，在 6 月 5 日那一天混进了斜封官队伍中，来到了内苑。燕钦融冒着死罪进言，说皇后韦氏淫乱后宫，干预朝政，与安乐公主李裹儿以及宗楚客等人相互勾结，利用阴谋轨迹危害国家。

燕钦融的话引起了唐中宗李显的注意，于是，就将燕钦融召过来，当面盘问。燕钦融跪在唐中宗李显面前，详细地陈述了那些事情，其脸上的神色十分坚定。然而，唐中宗还还没有来得及说什么，安乐公主李裹儿就指使宗楚客等人，假传唐中宗李显的命令将燕钦融扑杀了。唐中宗李显得知这个消息之后，非常生气，拂袖离开了。

唐中宗李显愤然离开之后，皇后韦氏、安乐公主李裹儿以及宗楚客等人非常惊恐不安，认为自己可能会有大祸降临。于是，他们就开始密谋杀害中宗李显，篡权夺位的行动。公元 710 年 6 月 6 日，皇后韦氏亲自制作了毒饼，然后以册封安乐公主为皇太女作为诱饵，让李裹儿将毒饼献给唐中宗李显。就这样，李显被毒死了。

唐中宗李显死后，皇后韦氏首先将这个消息封锁住，密不发表，然后又匆忙将手中的权柄集中起来。在中宗死后的第 3 天，她将宰相召集到内宫中，征调 5 万兵马在京城屯守，由驸马都尉韦捷与韦灌、左千牛中郎将韦铸、卫尉卿韦睿以及长安令韦播等人分别带领。韦元在六街巡行，薛思简率领部众前往均州镇守。担任刑部尚书之职的裴谈、担任工部尚书之职的张锡与中书门下三品留守在洛阳。此时，安乐公主的现任丈夫——武延秀也趁机起用自己的部属。他将心腹高力士从内侍省宣送太监举荐做内给事中，委任为四品监军。宗楚客也将心腹崔日用派到景风门与高力士会合后，率领麻嗣宗等"首平临淄王府。"

太平公主在得知燕钦融因为上谏被残忍杀害，唐中宗李显愤然离开的事情后，心中为软弱无能的李显担心，就匆匆忙忙地带着儿子薛崇柬前往大内。这使得韦温在去公主府抓太平公主的时候扑了空。与此同时，皇后韦氏与安乐公主李裹儿对太平公主突然来到大内感到非常惊讶。心机非常深的上官婕好献计，留下太平公主，告诉她皇帝已经驾崩的消息，然后将她先软禁在大内，等到大局稳定之后再处理。太平公主得知其真实的用意后，并没有半点儿慌张的表情，表面上装着非常从容地接受了这种安排，而暗地里派遣自己的儿子秘密地将这个消息告诉李隆基，然后静心看着整个局势的发展变化。

韦氏集团将所有的事情都安排好后，自认为登基做皇帝的事已经十拿九稳了。但是，尽管担任兵部侍郎之职的崔日用，在平日里与宗楚客有很深的交情，但在知道宗楚客以及皇后韦氏的阴谋后，一方面对这件事情败露后，自己也会大祸临头感到担忧；另一方面他的内心早已经被李隆基的文治武功所折服了，于是，就派遣宝昌寺和尚普润长老暗地里去见李隆基，然后将皇后韦氏等人的阴谋告诉了李隆基。

高力士同样也是这样。他与武延秀保持密切往来的原因，只不过是因为信奉自己为人处世的信条所致。然而，在与各派势力进行交往的过程中，他的心已经在不知不觉中倾向了李隆基。他认为有着伟大志向的李隆基正是如今朝廷所需要的"大家"。之后，他受到了李隆基的赏识，非常荣幸地参加了在禁苑总监钟绍京府院中举办的一次大聚会，发现羽林万骑的重要将官，都已经聚集在了李隆基的帐下。而且据他所知，临淄王府中早就有了与禁苑相通的秘密通道，南北卫队中有很多将士都是效忠李隆基的。所以，他在接受韦氏集团的任命后，毫不犹豫地将自己所知道的情况秘密地告诉了钟绍京，然后由钟绍京通过暗道传递给了李隆基。

在景风门下，李隆基的使者向高、崔二军说明了情况后，他们马上倒戈，只要等李隆基这边将信号发出，他们便会斩关杀人。此时，韦元以及韦播等人担忧羽林军的将领会有所不服，就把陈玄礼以及麻嗣宗等人抓了起来，然后将其囚禁在禁苑当中。

千钧一发之际，李隆基与他的谋臣经过商量，决定马上发动宫廷政变，先发制人。6月6日，李隆基将自己的服饰更换后，就率领刘幽求等人从密道中偷偷地进入了皇苑，然后，派遣钟绍京火速地将苑中百工召集起来，前去营救陈玄礼等将官。

这个时候，被韦氏集团囚禁起来的陈玄札也正在考虑着如何脱险。他和果毅校尉葛福顺找了个机会，将韦睿、韦播斩杀后，逃了出来，然后向羽林军将士宣称："皇后韦氏已将先帝李显毒死了，想图谋国家，现在，我们应当齐心协力把诸韦诛杀，另外拥立相王李旦安定天下，谁敢依附叛臣，就将其三族诛灭！"

羽林军原本就对于韦氏集团的嚣张跋扈非常不满，听到陈玄札如此说之后，马上人心大乱了，纷纷倒戈。陈玄礼趁着这个机会将羽林军集合起来，向皇宫内苑各门发起进攻，并且顺利攻破，然后率领部众迅速地来到了太极殿。皇后韦氏正在留宿殿中为唐中宗李显守灵，突然听到外面一片喧声，就在宠臣杨均以及马秦客等人挽扶之下逃到了正骑营。陈玄礼接到李隆基的命令之后，拿着大刀将皇后韦氏的人头砍了下来。

此时已是黎明，刘幽求等人又来到了安乐公主李裹儿的府邸。安乐公主李裹儿尚且不知道外面发生了什么事情，正在对着镜子为自己画眉，做着即将成为皇太女的美梦。突然，她听到外面的动静，还没有来得及回头，就被冲进来的将士们用刀砍死了。

李隆基下令将韦姓家人、各城门守卫以及韦氏的党羽全部诛杀。就连原本与皇后韦氏等人一伙，后来在李隆基到来的时候，跪迎表示归顺的上官婕好也没有放过，当场就被斩杀了。直到天色基本上已经亮了的时候，皇宫内外才恢复了原来的秩序。李隆基从皇宫出来之后，前去晋见了自己的父亲李旦，并且向父亲请罪——在事情发生前没有及时报告之罪。随后，李旦进入皇宫辅佐被皇后韦氏立为傀儡皇帝的李重茂。23日，在太平公主与李隆基联手安排下，太平公主给傀儡少帝李重茂传达了训令，让其将皇帝之位禅让给了相王李旦。李旦正式登基称帝，历史上称为唐睿宗。至此，唐王朝结束了韦后乱政的局面。

局势分析

随着唐中宗李显复位，皇后韦氏野心越来越大，想要效仿武则天，成为一代女皇。于是，为了达到这一目的，她开始勾结奸臣，干预朝政，为非作歹、铲除异己。除此之外，她还与安乐公主李裹儿等公开贩卖官爵，导致朝政不稳，官员腐化。皇后韦氏甚至还作出了淫乱后宫的无耻勾当。后来，皇后韦氏因为害怕唐中宗李显怪罪，同时又想成为一代女皇，居然与安乐公主合谋将唐中宗李显毒死了。我们不得不说，为了权力，皇后韦氏与安乐公主已经丧心病狂了。由于韦后乱政，使得唐朝的统治变得更加腐败，老百姓的生活更加困苦，社会局势变得十分动荡。不过，好在太平公主与李隆基等人，及时地粉碎了皇后韦氏的阴谋，在很大程度上挽救了唐朝的颓势。

说点局外事

当唐中宗李显被废，带着韦氏前往房州的途中，韦氏生下了一个女孩。由于当时情况十分窘迫，在匆忙中将衣服解下来做了一个襁褓，因此取名为裹儿。这个女孩就是安乐公主。因为唐中宗与皇后韦氏都觉得曾经让她受了苦，所以对她格外宠爱。而安乐公主李裹儿就仗着李显与韦氏的宠爱，骄横嚣张，权倾朝野。有时候，她甚至会把写好的诏书的内容盖住，让唐中宗签名盖章（盖玉玺）。

太平公主也不太平

原本，大家都以为唐睿宗李旦做了皇帝后，大唐王朝会就此安静下来。然而，事实并非如此。没多久，唐朝宗室内部又爆发了一场李隆基与太平公主各为一方的宫廷斗争。看来，这太平公主也不太平啊。

太平公主因为镇压韦后乱政的过程中立下了汗马功劳，所以受到朝野上下的尊重。唐睿宗李旦也对她十分尊重，各种朝政大事也经常征求她的意见。太平公主也是一个有着很强权力欲望的人，总想着自己要像母亲武则天那样成为一代女皇帝。所以，唐中宗李显再次上台后，她充分利用自己对唐中宗的影响，将萧至忠与岑羲两位宰相安插在中书省，想要将那时皇后韦氏安排的前三名宰相——宗楚客、唐休璟以及韦巨源挤掉，将中书省的内阁大臣都换成她的心腹，认为届时她就有能力与皇后韦氏一较高低了。

但燕钦融事件的出现使皇后韦氏篡位的脚步加快了，最后由侄子李隆基将韦氏之乱平定了下来。这样一来，她就不得不将自己的计划延缓下来。唐睿宗李旦上位后，太平公主仗着自己的功劳很高，进一步将宰相以下官员的升降权控制了，随之，朝廷内外投入至她门下的人络绎不绝，她的儿子们也都分封了王爵。随着地位的上升，太平公主的权力欲望也急剧膨胀，将李隆基看作是实现女皇梦想的最大障碍。所以，围绕睿宗李旦册立太子，与李隆基展开了一次正面的交锋。

唐睿宗在挑选太子人选时，一直举棋不定。因为宁王李成器是他的嫡长子，但平王李隆基却在铲除韦氏集团中立下了大功。宁王李成器得知父皇李旦的烦恼后，就主动拜见，对太子之位进行辞让。不过，唐睿宗仍然犹豫不决，于是，他又询问朝廷的文武大臣，大部分的官员也都支持立李隆基为太子。不过，太平公主可不甘心让李隆基成为皇嗣。所以，她一方面加紧在中书省安插自己的心腹大臣，导致七位中书大臣中除了李隆基推荐的姚元之与宋璟外，其余五位都已是自己的人；另一方面下定决心要将很懦弱的大侄子李成器扶上太子之位，从而对李隆基登上皇权顶峰的脚步进行阻拦。不过，太平公主最终没有如愿，公元 710 年 6 月 27 日，李隆基被正式册立为太子。

公元 711 年 1 月，太平公主表现出了对废长立幼不满意的言语。同年 7 月，在一次朝会上，中书省明确地提出了需要迅速地讨论决定四项大事：第一，宰相宋璟与姚元所呈奏的派遣羽林将官从朝堂出去，前往各个州县担任外官，从而避免在京城仗着其功劳，做出骚扰百姓的事情；第二，关于逆王李重福发动叛乱，已经率兵直逼洛阳，请皇帝颁发诏书，命令部队讨伐的事情，这也是宋璟与姚元非常着急地奏请的事情；第三，宰相窦怀贞、萧至忠以及岑羲所奏请的，唐中宗李显已经葬在了定陵，其后宫嫔妃中选择陪葬的人选，需要皇帝定裁；第四，唐睿宗李旦登基称帝已经有小半月了，还没有正式举行庆贺，这与礼仪是不相符的，需要迅速地选定良辰吉时举行大醮。

原本这四件事情，唐睿宗李旦只需要召集中书省的七位宰相初议，然后，交给相关的省司官员进行复议后，就能够颁发诏书办理了。然而，李隆基支持前两件事情，太平公主则主张先处理后两件事，双方争论不休。不过，因为太平公主早在召开朝会前，就已经做了充分的准备，所以，此事最后以太平公主获胜告终。

后来唐睿宗将皇位禅让给了李隆基，自己做了太上皇，但是太平公主仗着太上皇对她的信任与支持，将朝政大权揽在手中，蛮横地对朝政大事肆意干涉，朝中的文武大臣有一半是她的心腹亲信，所以她也越来越不能容下李隆基了。于是，她开始与亲信们秘密地制订计划，要将新君李隆基废除，另外拥立新君。她派出不少密探监视李隆基。其中，有着"上官之魂"之说的元荣荣，想要在太上皇赐给李隆基名为赤箭粉的药物中投毒，以便能够将李隆基毒死。

但元荣荣还没有来得及动手，就被王琚派去的密探探听到了消息。王琚对唐玄宗李隆基说："这件事情十万火急，不能不迅速地做出决断！"荆州长史崔日用也建议唐玄宗早日行动，并且详细地分析了当时的局势。于是，唐玄宗李隆基立刻任命崔日用为吏部侍郎。

太平公主看到唐玄宗对王琚与崔日用等人加以重用，就猜到李隆基已经开始对她有所防备了。于是，太平公主就将党羽召集起来，秘密地计划谋反的事情。崔湜献计，说道："公主可以派遣常元楷将军与李慈将军率领禁军士兵冲到武德殿中，逼着当今的皇上退位；然后再由窦怀贞仆射等人号召南牙士兵起兵响应，这样的话用不了半天的时间，我们就能够取得成功。"

太平公主与窦怀贞以及萧至忠等人对此建议极为赞同，仅仅只有陆象先出声反对。此时，太平公主"大义凛然"地解释："原本废长立少已经是不符合常理的事情，而且李隆基又缺乏身为君王的品德，为何不能够将他罢黜呢？"众人也都纷纷出言讽刺陆象先太过迂腐了。于是，陆象先生气地拂袖离开了。太平公主的儿子薛崇柬也不同意母亲的计划。他语重心长地对太平公主说道："母亲现在过着养尊处优的日子，应该知道满足了，为何还要故意挑起内乱？如果这件事情没有成功，那么恐怕将会招来灭门之灾祸啊。"太平公主听后大怒，抄起手杖将儿子打得血流满面。等到她的怒气稍稍平息后，又与众人定下了发动政变的具体时间。

左散骑常侍魏知古收到消息后，急忙向唐玄宗李隆基汇报。唐玄宗李隆基马上将岐王李隆范、薛王李隆业、担任兵部尚书之职的郭元振、担任龙武将军之职的王毛仲、担任殿中少监之职的姜皎、担任太仆少卿之职的李令问、担任尚乘奉御之职的王守一、担任内务给事之职的高力士以及果毅将军李守德等人召集起来，一起商量对策，计划利用武装进行镇压。7月2日，唐玄宗李隆基向太上皇李旦奏请下诰，命令太平公主第二天早上进宫，陪着太上皇李旦前去骊山狩猎，从而将太平公主已经部署好的计划给打乱了。

7月3日终于到了，唐玄宗李隆基命令王毛仲征调了皇苑马匹，率领三百士兵从武德殿来到虔化门埋伏，然后，由唐玄宗召见常元楷与李慈。这两个人对此毫不知情，刚走进大门时，就被王毛仲率领部将拿下，并且被斩杀了。随后，唐玄宗李隆基又将萧至忠、岑羲等人骗来，一起拿下并斩杀了。

太上皇李旦得知事变的消息后，就登上了承天门楼询问此事。大将郭元振向太上皇李旦奏称，因为窦怀贞等人与太平公主勾结，图谋造反，所以皇上才下令诛杀，今日开始执行。太上皇李旦听完后，叹着气返回到自己的宫中，在第二天下诰："从今往后，军政大事全部交给皇帝处理，我就迁往百福殿颐养天年了。"唐玄宗李隆基接到太上皇李旦的这个诰令后，才正式命令王毛仲与高力士前往公主府，将太平公主抓捕归案。

太平公主得知这个消息后，立即带着全家逃到了山中的一座寺庙中，不过在三天之后，被王毛仲率领兵将搜了出来。唐玄宗李隆基颁发诏书，让太平公主在房内自杀了；她的同伙全部被处死；她的儿子中除了薛崇暕外全部被处死；她的所有财产全都被查抄了。随后，唐玄宗李隆基又在众位大臣中进行了规模巨大且最彻底的清洗活动。到此，太平公主与李隆基之间的斗争以太平公主的彻底失败而告终了。

局势分析

太平公主是一个生活在权力争夺漩涡中的"政治女人"，她对权力充满了强烈的欲望，最终导致自己成为政坛的祭品。太平公主为什么会失败呢？大致包括以下几方面的原因：

第一，太平公主在生活上奢侈淫逸；在经济上横征暴敛财物。而且她还总包庇属下抢夺百姓的财产，与百姓争夺利益，所以太平公主不得民心。

第二，太平公主在扩充其势力的过程中，基本上都是依靠金钱收买，"谓儒者多褊狭，厚持金帛谢之"，所以，为她效力的人大部分用心不专。这些人不是将怎样治理好国家作为宗旨，而只是非常热衷于权力，热衷于保护太平公主的私人利益。从品德与能力方面来看，比起李隆基手下的刘幽求、钟绍京、王琚、崔日用、宋璟以及张说等臣僚，他们就差得太多了。

第三，太平公主在政治上并没有什么建树。她只是想要掌控权力，实现坐女皇帝的梦想。举个例子来说，在唐中宗李显时期，安乐公主、上官婕妤以及尚宫柴氏等女人通过对朝政进行干预，制定了"斜封"授官这一政策。可以说，"斜封官"是女人对朝政插手干预的一个标志。唐睿宗李旦继承皇位之后，姚崇、宋王景等人奏请唐睿宗李旦将"斜封官"全部废止了，但是4个月之后，由于太平公主的强行干预，"斜封官"又全部恢复了。在太平公主眼中，"斜封官"的制度是否存在，象征着女人是否能够掌控朝政。然而，对于老百姓而言，"斜封官"的制度却是一种腐败政治的体现，因为那个时候的人们都说："姚、宋为相，邪不如正；太平用事，正不如邪。"

第四，自从武则天登基称帝，将唐王朝改"武周"之后，朝廷上下对于女人干预朝政就形成了一种本能的警惕。在这样的社会大背景之下，不管什么样的"女人干政"的企图都一定会失败的。所以，韦后之乱会失败，太平公主之乱同样也不会例外。

说点局外事

在大唐的政治中，有一个非常突出的现象——女性干政。唐朝初期有李渊的女儿平阳公主，得知父亲在晋阳起兵后，散尽家财响应支持，组成了"娘子军"，为唐朝的创建立下了很大的功劳；后来，又有武则天、韦后、安乐公主以及太平公主等相继踏上政治舞台，参与了最高权力的争斗。中唐以后，又有很多女人，比如肃宗的张皇后、宪宗的妃子郭氏等，有的参加宫闱政治，有的插手外廷事务，有的甚至还控制了很大的实权，并且显赫一时。这就充分地说明，唐朝的社会风气非常开放，传统思想与礼教观念对于女子的束缚还是比较宽松的；同时这也反映出唐朝的女子有着很高的地位，女子参政的意识十分强。

但是，在传统的以男性为主的社会中，礼法仍然对妇女参政产生了非常大的压力。武则天登基称帝所面对的反对势力是相当大的。太平公主在政坛上的崛起以及其悲剧的结局，不仅是她本人的不幸，而且还是那个时代社会现实的缩影。

姚崇对开元盛世的贡献

出身于官僚家庭的姚崇是一个大器晚成的人才。他曾经先后是武则天、唐睿宗、唐玄宗三朝宰相，也是中国历史上非常著名的贤相，为"开元之治"作出了巨大的贡献，有着非常深远的影响。在他为相期间，唐朝的政局清明，百姓丰衣足食，有"救时宰相"的美称。

公元 712 年 10 月 13 日，长安郊外的骊山脚下正在有计划地举行着一场规模相当大的演武活动。参加此次活动的有从各个地方调集来的 20 万名将士。其场面相当壮观：金甲耀日、刀枪林立、擂鼓齐鸣、号角不断、旌旗连绵。随着号令，三军将士们出入整齐，进退有序。唐玄宗李隆基全副戎装，手里拿着大枪，站在阵前，亲自对这场军事演习指挥与检阅。他以军容不整作为理由，将郭元振的宰相职务给解除了，又以制作军礼不够严肃为理由，将知礼仪的给事中唐绍给斩杀了。这是唐玄宗李隆基将太平公主集团铲除后，首次在如此隆重的场合登台亮相。他利用这样的方式向全天下宣告：从武则天晚年以来唐中宗李显、唐睿宗李旦时期的政治混乱局面结束了，同时也借此来展现其皇权的威严。

另外，唐玄宗李隆基举行这次军事演习还有一个目的，那就是秘密地召见姚崇。军事演习的第二天，唐玄宗李隆基以前往渭川打猎为由，特意将同州，也就是今天的陕西大荔刺史姚崇下旨召来陪同打猎。

姚崇这个人性格十分豪爽，才华出众，文武双全，崇尚气节。在武则天掌权与唐睿宗李旦执政期间，他曾经先后两次做过宰相，但最后都由于得罪了权贵而遭到贬职。年纪不大的的唐玄宗李隆基拥有远大的志向，想要振兴大唐王朝，干出一番惊天动地的大事业来。然而，那个时候，朝廷的事情千头万绪，全国上下百废待兴，因而他最缺的就是一个能力卓越的宰相，来协助他匡救时弊。于是，唐玄宗李隆基就想到了有着丰富经验与超强能力的姚崇。于是，唐玄宗李隆基就精心策划了这次君臣见面。

姚崇接到诏令来到之后，唐玄宗李隆基先从打猎谈起，询问道："你懂如何打猎吗？"姚崇微笑地回答道："我在年轻时，常常呼鹰唤犬，射鸟逐兽。后来才开始用功读书的。尽管现在已经老了，但是依旧能够骑马射箭。"唐玄宗李隆基想要对他进行一下考查，就让他纵马出列，结果，姚崇的身手真的非常了得。唐玄宗李隆基十分高兴，突然说道："朕好长时间没有见到你了，想要向你请教治国的良策。你就做朕的宰相吧！"唐玄宗李隆基说完之后就策马向前奔去。

然而，过了很长时间，姚崇才从后面慢腾腾地追了上来。唐玄宗李隆基感到十分奇怪，于是询问道："你为何跑得那样慢呢？难道你不想做朕的宰相？不想辅佐朕吗？"这个时候，姚崇不卑不亢地说道："臣才学不高，学识不深，可能不可以担当这么重大的任务。"唐玄宗李隆基非常吃惊地看着他，不知道该说些什么。当他们到了驻地的时候，唐玄宗李隆基让大臣们坐下休息。此时，姚崇才跪下来，说道："臣这里有10条建议，恐怕陛下不一定会同意，因此，臣才不敢轻易地接受陛下的任命。"唐玄宗说道："你先说一说，朕会按照自己的能力去做，然后再决定是不是赞同。"

姚崇说道："其一，在对天下进行治理的时候，不可以只使用刑法，应当以仁义为先；其二，在30~40年之内，不可以轻易地发动战争；其三，宦官不可以干预朝政；其四，皇亲国戚不可以担任重要的官职；其五，宠臣触犯了刑法，不可以法外施恩，应当按照法令惩罚；其六，将除了租、庸、赋税之外所有的额外征收都取消；其七，将所有营造的寺庙宫观工程全部停止；其八，在对待大臣的时候，陛下应当以礼相接；其九，应该鼓励朝廷直言进谏，对朝廷政务提出合理的批评意见与建议，陛下应采纳与接受；其十，严禁外戚干预朝政。陛下能同意这 10 条建议吗？"唐玄宗李隆基同意了那 10 条建议，姚崇才接受了唐玄宗的任命。

姚崇做了宰相后，没有辜负唐玄宗的信任，只用了 45 天就初步使政局稳定了。12 月 1 日，唐玄宗李隆基宣布将年号改为"开元"，这标志着一个崭新时代的开始。姚崇协助唐玄宗李隆基做了 4 件大事：

第一，巩固皇权，稳定政局

唐玄宗李隆基登基的时候，宋王李成器、申王李成义及邠王李守礼都有做皇帝的资格。为了防止野心勃勃的官僚利用他们来夺取皇位，唐玄宗接受了姚崇的提议：从公元 714 年开始，先后派遣他们到地方上做刺史，不过只是名义上的刺史；同时又以各类理由将一些政变活跃分子，比如，张说、刘幽求等均被贬到了外地。如此一来就将他们间可能联合的渠道斩断了，从而致使他们不能在京城胡作非为，从而使政局得以稳定。

第二，裁撤冗官，整顿吏治

李隆基做了皇帝后，在姚崇的支持下，针对武则天、中宗以及睿宗时期不加节制地选官，导致朝廷开支剧增的弊端，开始大力精简官僚机构，废处了 10 多个部门，裁减了很多多余的官员。有一次，申王李成义为他王府的楚畦提升官职，原本唐玄宗李隆基已经批准了，可是姚崇与宰相卢怀慎坚决反对，并陈述了其危害。最后，唐玄宗接受他们的意见，将任命取消，从此请托求官不可行了。

第三，惩办豪强贵族，抑制佛教势力

有一次，薛王李业的舅舅王仙童由于欺压百姓，被御史弹劾，并且被抓了。李业在唐玄宗面前为其求情。唐玄宗就派遣姚崇负责办理此事。姚崇经调查发现，王仙童的罪行属实，不应当赦免。唐玄宗接受了姚崇的建议，按照法令惩罚了王仙童，狠狠地打击了那些目无王法的豪强贵族，促使他们被迫收敛了很多。另外，自唐中宗李显以来，达官贵人便纷纷建佛寺，富人豪强经常也以出家为由来逃避赋役。如此一来，老百姓的负担就更重了，朝廷的收入也减少了。为了使寺院经济的过度发展得到抑制，唐玄宗又采纳了姚崇的建议，下令对僧尼进行裁减，强行命令 12000 多名和尚尼姑还俗。

第四，督促地方官员捕蝗，开展赈灾活动

公元 714 年春天，关中地区爆发了旱灾，在姚崇的支持下，唐玄宗派出使者，及时地将粮仓打开，对灾民进行救济。公元 715 年 6 月，山东又发生了蝗灾。遮天蔽日的的蝗虫将庄稼都吃没了，百姓吓得不敢捕杀，只能烧香叩头。姚崇认为应当派御史前往各个州县，督促地方官员率领百姓消灭蝗虫。

然而，朝中有不少人对他的建议表示反对。担任谏议大夫之职的韩思复表示："蝗虫属于天灾，上天借此来对君王的过失进行惩戒，不可能十分干净地捕杀完。只有陛下真诚地悔过，多做一些善事，将没有必要的事务罢除，任用刚正不阿的人才，才能打动上苍。因此，应当撤回所有的驱蝗使。"甚至就连平常遇到事情从来不出主意的"伴食宰相"——卢怀慎也觉得，如果杀害太多蝗虫，极有可能会伤了和气，因此不应该捕杀。在众多的反对声中，唐玄宗李隆基也拿不定主意了，所以他再次征求姚崇的意见。

姚崇非常严肃地指出："如今，蝗虫闹得如此厉害，百姓四处逃荒，我们能这么眼睁睁地看着而不去营救吗？如果这么做真的会招来灾祸，那么我愿意一个人来承担。"最终，唐玄宗采纳了他的意见，开始坚定地支持消灭蝗虫。因为姚崇非常积极地推行灭蝗措施，才促使这年的山东未曾发生大面积的饥荒。

第二年 5 月，山东又闹起了蝗灾。姚崇再一次建议唐玄宗李隆基派遣御史进行捕杀。汴州刺史兼河南采访使倪若水不仅没有积极主动地组织百姓消灭蝗虫，还给唐玄宗李隆基上奏章重复韩思复的老调，姚崇在给倪若水的回信中严厉地指出："如果多做一些善事就能够将蝗灾解除的话，那么你管理的地方有那么多蝗虫，难道说你是一个丧失德行的人吗？"倪若水收到回信之后，不敢违背命令，立即发动老百姓在短短几天之内就将 14 万石蝗虫全部消灭了。姚崇还命令御史每天非常详细将各个州县官员的灭蝗政绩上报，对于勤奋的官员奖赏，对于懒惰的官员惩罚。正是因为姚崇的正确领导，非常及时而果断地实施了消灭蝗虫的措施，所以尽管那个时候连年发生蝗灾，却也未曾发生比较大的饥荒。

姚崇非常聪明能干，有一天，他因故请了十多天的假，结果，衙门中的事务就堆积起来，好像一座小山似的。姚崇回来工作之后，没用多长时间，就将所有的事务都十分妥当地处理完毕了。那个时候，人们对他都相当敬佩，盛赞他是"救时宰相"。

姚崇为官公正而清廉，作为大唐王朝的宰相，他在京城当中，竟然没有属于自己的府邸，而是借住在一座名字叫作"罔极寺"的庙中。后来，随着姚崇年龄不断增大，姚崇的身体也逐渐地变得糟糕起来。于是，他就主动将自己的宰相之职辞去了，并且举荐宋璟接替他做了宰相。宋璟也是一位相当能干的人，为官大公无私，赏罚分明。宋璟在做宰相的时候，基本上继续推行了姚崇所制定出来的所有政策。

尽管姚崇从宰相位退了下来，但是唐玄宗李隆基依旧对他十分信任，特命他在自己身体允许的条件下，每隔 5 天上一次朝，依旧像以前担任宰相时那样入阁供奉。唐玄宗李隆基每当遇到疑难之事的时候，还经常与姚崇进行商量。而姚崇也一直竭心尽力地去帮助唐玄宗李隆基。公元 721 年，姚崇因病而逝，终年 72 岁。

局势分析

后人对姚崇的评价是这样的：唐代贤相，前有"房、杜"，后有"姚、宋"。其中，"房、杜"指的是房玄龄与杜如晦，而"姚、宋"指的就是姚崇与宋璟。

姚崇在接受唐玄宗李隆基的任命，成为一国宰相的时候，曾经提出了 10 条建议。这 10 条建议虽然只有区区几百字，但都是专门针对他所经历过的武则天、唐中宗李显以及唐睿宗李旦执政以来所出现的政治弊端而提出的，言简意赅，字字珠玑。而唐玄宗李隆基接受了姚崇的建议，并且委以大权，由此奠定了"开元盛世"的重要基础。

姚崇在担任宰相期间，还协助唐玄宗李隆基做了4件大事：巩固皇权，稳定政局；裁撤冗官，整顿吏治；惩办豪强贵族，抑制佛教势力；督促地方官员捕蝗，开展赈灾活动，而这些举措都大大促进了李唐王朝的发展。

说点局外事

唐玄宗李隆基在其统治前期，积极主动地对武后、唐中宗、唐睿宗以来的弊政进行整顿，想方设法地治理国家，先后任用贤才姚崇、宋璟、韩休以及张九龄等人作为宰相，使皇权得以巩固，国家统一得以加强。唐玄宗李隆基裁减冗官，精简机构；对食封制度进行改革，对佛教势力进行打击，强行命令那些伪滥僧尼还俗，对违规营建佛寺的行为加以禁止；将金银器玩销毁，将珠玉锦绣焚烧，提倡节俭，遏制奢靡；对农业生产加以重视，对土地兼并加以限制，检田括户，大力兴修水利；努力发展文教事业等，这些政举促使唐朝的政局得以稳定，生产得以迅速发展，户口得以快速增加，国势强盛起来，进而出现了中国历史上非常少见的经济、文化都空前繁荣而昌盛的局面，历史上称为"开元之治"或者"开元盛世"。

第四章　危机与中兴

在唐朝开创盛世局面之时，社会上的腐朽力量也慢慢地膨胀起来，各种矛盾也被迅速地激化了，唐朝的统治不再像以前那样清明，可谓危机四伏。曾经励精图治的唐玄宗到了后期也开始变得懈怠，只图享乐，宠信奸臣，最终酿成了"安史之乱"，破坏了唐朝的统一，形成了藩镇割据的混乱局面，从而导致唐朝的政局也处于动荡不安中。至此，朝廷与藩镇之间展开了长期的斗争，直到唐宪宗统治时期，才取得了"元和中兴"的局面。

腐蚀国家统治的蛀虫

说起李林甫这个人，也算得上是一个名人，只不过他的"名"是臭名而已，因为他善于伪装，阴险狡诈，嫉妒贤能，排除异己，残害了很多忠臣良将，是中国历史上的十大奸臣（庆父、赵高、梁冀、董卓、来俊臣、李林甫、秦桧、严嵩、魏忠贤、和珅）之一。

李林甫出身于唐朝宗室，小名叫哥奴，他的曾祖父与唐高祖之间的关系算是比较亲密的，是叔伯兄弟。所以，按照辈分来讲，李林甫还是唐玄宗李隆基的远房小叔叔呢。

说起李林甫的发家史，还得从唐玄宗李隆基说起。那个时候的唐玄宗李隆基做了20多年的太平天子了，逐渐滋长了骄傲懒惰的情绪。唐玄宗李隆基认为，当今天下太平安乐，政事方面有宰相负责治理，边防又有将帅负责镇守，自己又何必那么为国事费心费力。于是，他就开始追求起享乐安逸的生活来。

当时担任宰相的张九龄看到唐玄宗这种情况，心里非常着急，于是就常常给唐玄宗提一些意见。唐玄宗原本很尊重张九龄，但是渐渐到了后来，就对张九龄的意见表示厌烦并且听不进去了。

这个时候李林甫就出现了，他是一个不学无术，什么本事都没有的人，但是专门学了一套溜须拍马的本领（伎俩）。他勾结宫里的宦官和妃子探听唐玄宗李隆基的言行，因此将唐玄宗的性子摸得十分清楚，每当唐玄宗找他商议什么事的时候，他都能够对答如流，想的简直和唐玄宗想的一模一样。唐玄宗听了以后觉得心理挺舒服，因此就觉得李林甫非常能干，又很听话，比张九龄强多了。

于是唐玄宗就想把李林甫升为宰相，就跟张九龄商量这件事。张九龄很早就看出李林甫不是正人君子，于是就非常干脆地说："宰相这个职位，是关系到国家的安危存亡的。陛下假如任命李林甫担任宰相，那么最后只怕国家要遭到很大的灾难。"这些话当然马上就会传到李林甫的耳朵里，因为宫中到处都有他的耳目。李林甫立即就对张九龄怀恨在心，不过，为了防止张九龄提前发觉，李林甫不动声色，反而假装对张九龄讨好，实际上是在伺机报复。

后来，李林甫还是被唐玄宗李隆基任命为宰相。李林甫更是千方百计地揣摩唐玄宗的心思，故意挑拨唐玄宗与张九龄之间的关系。而唐玄宗对于张九龄的固执己见也愈发不耐烦起来。

公元 736 年 10 月，唐玄宗李隆基想要从东都洛阳回到西京长安去，于是就将宰相们都召集起来商议。张九龄与裴耀卿认为，这件事情应该等到秋收忙完之后再作打算。李林甫早已经悄悄地弄清楚了唐玄宗的心思，所以，他当场没有表态，等到张九龄与裴耀卿这两位宰相走了之后，单独留下来对唐玄宗李隆基说道："长安与洛阳就相当于陛下的东、西二宫，来回进行巡幸，根本不需要选择时间！"唐玄宗听了之后，十分高兴，感觉还是李林甫最明白自己的心思。从此之后，唐玄宗更加宠信李林甫。

朔方（今内蒙古自治区乌拉特旗东）节度使牛仙客，虽然说目不识丁，但是在理财方面却颇有办法。于是唐玄宗就想提拔一下牛仙客，但是张九龄没有同意他的想法。而李林甫又是当面不说什么，私下里对唐玄宗说道："像牛仙客这样有才华的人，才是担任宰相的最佳人选；张九龄根本就是书呆子，目光短浅。"唐玄宗听了之后，又非常高兴。

第二天，唐玄宗继续与张九龄商讨提拔牛仙客为宰相的事情。但张九龄还是执意不肯。唐玄宗就大发雷霆，厉声对他说："难道什么事都得你说了算！"李林甫又是在事后对唐玄宗说："陛下想要用人，没有什么人是不可以用的！"于是，几天之后，牛仙客被提拔为宰相。

还有一件事情令唐玄宗对张九龄异常不满。武惠妃为了让自己的儿子——寿王李瑁成为太子，就在唐玄宗的面前诬告太子李瑛与鄂王李瑶以及光王李琚相互结党，想要对她们母子俩进行谋害，并且说他们在暗地里说了唐玄宗的坏话。唐玄宗听了之后，非常生气，就命令宰相将太子李瑛废掉。张九龄表示反对，并且据理力争。这让唐玄宗很不高兴。李林甫这次依然没有当着众人的面表态，而是在私下里对唐玄宗说："这本是陛下的家事，根本不需要征求外人的意见！"这话正好说到了唐玄宗的心坎上，从此之后，唐玄宗更加疏远张九龄。过了没有多长时间，唐玄宗就下令废掉了太子李瑛，将鄂王李瑶与光王李琚贬为庶人。不久之后，这三个人都相继遇害身亡。

大臣严挺之是一个非常正直，且聪明能干的人，一直打心眼里看不上李林甫的为人。李林甫一直对他心存怨恨。张九龄想要推荐严挺之做宰相，李林甫居然故意在一件案子上做文章，在他们头上扣上了一个"结党"的罪名。原来，担任蔚州刺史之职的王元琰由于贪污受贿而被押到了京城审判，严挺之的前妻正好就是王元琰的妻子。所以，严挺之对他们十分同情，于是，就出面为王元琰求情。

李林甫得知这件事情之后，就在唐玄宗的面前添油加醋地将严挺之给告了，并且说他们结党。于是，唐玄宗将宰相们召集起来，商讨严挺之对亲属进行包庇的罪行。张九龄不知道这是一个计，就像往日那样，实话实说，极力地为严挺之辩护。结果引起了唐玄宗的怀疑。唐玄宗又联想到以前张九龄不同意重用牛仙客而大力举荐严挺之的事情，就认定张九龄、裴耀卿等人结党营私。唐玄宗一生气，就将严挺之贬官处置，并且将张九龄与裴耀卿的宰

相职务撤掉了。从此之后，李林甫开始独揽大权。

李林甫为了蒙蔽唐玄宗的耳目，达到专权独断的目的居然将唐玄宗和百官的联系隔断，不允许大家在唐玄宗面前提任何意见。有一次，他把所有的谏官都召集起来，并且公开宣布说："现在的皇上任何旨意都是圣明的，我们做臣下的只需要按照皇上的旨意办事，不要在皇帝面前七嘴八舌的。你们看到那些立仗马（作仪阵用的马）吗？它们所吃的饲料就是相当于三品官的待遇，但是如果哪一匹马胡乱叫了一声，那么立即就会被拉出去不再用了，到时候后悔都来不及了。"

曾经有一个正直的谏官没有听从李林甫的话，于是上奏本给唐玄宗提了一些建议。结果第二天，就接到了皇帝的命令，被贬到偏远地区去做县令。大家都知道其实这是李林甫的意思，由此都见识到了李林甫的厉害，以后谁也没有胆量向玄宗提出建议了。

公元 737 年，监察御史周子谅对牛仙客弹劾，说他不认识字，滥居相位，根本不做任何事情。李林甫趁着这个机会进行挑拨，说周子谅是张九龄举荐的。最终的结果是，周子谅被狠狠地痛打了一顿，然后被流放到了外地，最终死在了半路上。张九龄也被贬出了京城，没多久就因为生病死在了外地。

李林甫嫉贤妒能，并且很清楚自己在朝廷中的名声不好，所以在大臣中只要是能力比他强的，他就想方设法把他们除掉。他为人阴险，想要排挤一个人但时机不成熟时，他就表面上没有任何表现，笑脸待人，可是在背地里却暗箭伤人。

曾经有一次，唐玄宗李隆基在勤政楼上游玩远眺，恰好兵部侍郎卢绚骑着马从楼下经过。唐玄宗偶然看到卢绚的风度很好，于是就随口赞赏了几句。第二天，李林甫知道了这件事，就决定把卢绚贬为华州刺史。卢绚到任后时间不久，又被诬陷说他的身体不好，非常不称职，于是被再一次降了职。

再说严挺之，虽然当初他因为替人求情被贬官，但是唐玄宗还是认为他是一个不可多得的人才，所以在时隔多年之后，又问李林甫："严挺之现在还在吗？这个人非常有才能，还可以得以重用呢。"李林甫就说："既然陛下想念他，那我就去打听一下。"于是退了朝以后，李林甫急忙就把严挺之的弟弟召唤来，对他说："你哥哥不是非常想回京城来觐见皇上吗，我倒是有一个好办法。"

严挺之的弟弟看见李林甫如此关心他的哥哥，心里当然是充满感激，于是连忙请教他该如何做。李林甫说："只要让你哥哥上一道奏章，就跟皇上说他得了病，请求返回京城来看病。"严挺之刚一接到他弟弟的信，就立即上了一道奏章，请求皇帝准许他回京城看病。李林甫于是就拿着他的奏章去见唐玄宗，说："真是太可惜了，严挺之现在身染重病，不能再替陛下干大事了。"

唐玄宗看到后也是非常惋惜地叹了口气，就没有再提这件事。其实像严挺之这样上当受骗的还真不在少数。但是，无论李林甫装扮得如何巧妙，他的阴谋诡计到最后还是会被人们识破。于是人们都说李林甫这个人就是"嘴上像蜜甜，肚里藏着剑"的小人。在李林甫当宰相的 19 年里，很多有才能的正直的大臣都遭到了排斥，反而一批批溜须拍马的小人都受到重用和提拔。也就是在这个时候，唐朝的政治开始由兴旺转向衰败，"开元之治"的繁荣景象逐渐消失，紧接着出现的局面就是"天宝之乱"。

局势分析

李林甫为人谲诈多端，与众宦官、妃嫔勾结，掌控者唐玄宗李隆基的一举一动，为了达到自己对权力的私欲，要尽了各种手段，陷害忠良，排除异己，扩张自己的势力。李林甫在执掌大权之后，更是独断专政，阻塞言路，最后导致了"安史之乱"。

尽管李林甫罪行累累，但是他也不是毫无用处。他对于大唐王朝还是有一些积极作用的，比如，只有他才能够将各地的番将控制住，其中就包括安禄山。李林甫在世的时候，虽然弄得社会矛盾非常激烈，可以说到了一触即发的地步，但是安禄山等仍然不敢轻举妄动。李林甫死了之后，安禄山才敢趁机发动兵变。

历史上对李林甫的评价中，有一句为："自处台衡，动循格令，谨守格式，百官迁除，各有常度"。由此可以看出，他做事还是比较谨慎，纲纪还是十分严明，并且非常讲究效率的。倘若缺乏这一点，李林甫恐怕很难独自掌控朝政达19年之久。尽管李林甫依法办事，其目的在于个人专权，可是完善立法，对于当时封建统治秩序的稳定也起了一定的积极作用。这也是天宝时期之所以会出现10多年的安定局面的重要原因。

说点局外事

李林甫为了使自己的势力得以扩充，提拔了一些投靠他的小人，使他们做了大官。其中，户部侍郎萧炅就是其中之一。萧炅这个人不学无术，有一次他在大臣严挺之面前阅读文件的时候，将"伏腊"错误地读成了"伏猎"。随后，严挺之就将此事告诉了张九龄，讽刺地说道："朝廷当中怎么能够容得下'伏猎'侍郎呢？"于是，严挺之就将萧炅打发到地方去做了一个小官。就这样，李林甫又与严挺之结下了梁子。

使唐朝更加腐败的奸臣

众所周知，武三思是一代女皇武则天的侄子，所以，他才以此作为依仗，横向霸道，作恶多端，成为了唐朝一个惹人唾骂的大奸臣，留下千古骂名。

公元683年，唐高宗李治驾崩之后，由太子李显继位，历史上称为唐中宗，而武则天则是以太后的身份把持着朝政，成为大唐王朝的真正掌权者。武则天为了巩固权势登基称帝，便大力提拔武氏家族成员，因此，武三思从右卫将军逐步晋升为兵部、礼部尚书，并且监修国史。公元609年，武则天登基称帝，把国号改为"周"，历史上称为"武周"。为尊崇武氏，让天下百姓诚服，武则天把她的祖先追封为皇帝，把她的侄子和侄孙们都封为王。武三思被封为梁王，赐封一千户。

武三思生性乖巧，善于揣摩人意，阿谀奉承，所以很受武则天的信任。在公元684年，武三思和他的堂兄武承嗣，就多次劝解武则天除掉韩王李元嘉和鲁王李灵夔。公元688年，在武则天的授意下，武三思以韩王、鲁王和极力反武的越王、琅邪王通谋的名义，迫使他们自杀，并且将其党羽杀尽，清除了武则天称帝的障碍。公元685年之后，武则天开始宠信薛怀义、张易之和张昌宗。

薛怀义本姓冯，名为小宝，之前在洛阳市上卖药，后来被太平公主推荐给武则天，成为她最早的男宠。武则天为他改姓起名与驸马薛绍同族，让他剃度为僧，提高他的身份，使其便于出入禁宫。

薛怀义依仗着武则天的宠幸，他平时飞扬跋扈，经常骑着马在大街上横冲直撞，数次伤人，但无人敢管。武三思、武承嗣使劲巴结讨好薛怀义，每次薛怀义骑马出宫的时候，两人便争着去伺候。一人为其扶马鞍，一人为其握马缰，口中不断叮嘱让其小心，比奴仆还恭顺。当薛怀义失宠被杀之后，张昌宗、张易之兄弟又成为武则天的男宠。跟之前一样，武三思和武承嗣二人，又百般阿谀奉承张氏兄弟。如果张氏兄弟要骑马，两人就争着为其配鞍，尾随在马后；如果张氏兄弟要坐车，两人就争着为其驾辕，执鞭吆喝，且谄媚地称张氏兄弟为五郎、六郎。两人之所以对薛怀义和张氏兄弟百般谄媚的目的还是为了讨好武则天。

武三思为了让武则天喜欢自己，还大肆地赞颂她的功德，公元694年，武三思以天枢的名义，购买了铜铁，铸造铜柱，将铜柱立在洛阳端门的外面，并且强迫来洛阳的使节和商人捐款百万亿。柱基是由铁铸成，形状像山一样，长有170尺。柱是由铜铸成，高有105尺，直径为10尺，雕刻蟠龙麒麟使其围绕在铜柱上，柱子的顶上有承露盘，直径为3丈。为了讨好武则天，武三思撰文，将其对武则天功德的赞颂之词，镌刻于柱，并把百官及四方国君的姓名刻在上面，由武则天自己写上"大周万国颂德天枢"，整个铸造的过程经过一年才完成。

因为整个工程消耗的铜铁量太大，所募捐的钱财远远不够，于是强行且无偿地在民间搜刮百姓的农具、器皿，害得无数百姓家破人亡。此后，类似这种献媚的行为，数不胜数。武则天年事高了之后，不喜欢在宫中生活，所以，武三思在崇山创建三阳宫，在王安山创建兴泰宫，为武则天提供巡游的地方。百姓都发愁工程所要耗费的劳力和财力。

武三思之所以讨好和奉承武则天和其宠臣，是为了达到自己当天子的目的。公元698年，在宰相狄仁杰、吉顼的劝说下，武则天虽召回了被废20多年的儿子李显，并且立李显为太子，实现自己立子不立侄的许诺，但是并没有怪罪武三思，仍加以重用，公元699年封武三思为中书令，并让其担任宰相之职。到武则天晚年时，朝廷大权已经落入武三思和张易之、张昌宗兄弟的手中。

公元705年1月，朝中发生军事政变，以宰相张柬之、崔玄暐等为首的朝中大臣，杀死张易之、张昌宗及其党羽，并且威逼武则天传位于李显，但却丧失了对武三思力量反扑的警惕。唐中宗李显是个昏庸无能的人，复位称帝后，皇后韦氏、上官婉儿以及安乐公主掌握了朝廷实权。武三思又与韦后、上官婉儿暗中勾结，加上安乐公主又是武三思儿子武崇训的妻子。在唐中宗李显刚刚登上皇位的两个月后，通过上官婉儿和韦后的暗中关系，武三思重登宰相之位。

张柬之、敬晖等看到形势不妙，曾数次劝说中宗除掉武三思，唐中宗李显却不听；二人又劝说其削去武三思的官位，唐中宗李显仍是不听。张柬之等人见大势已去，只有悔恨但又无可奈何。

武三思重新掌权之后，积极拉拢亲信，迫害异己。他首先把打击的矛头对准新任宰相敬晖、张柬之等5人。公元705年5月，唐中宗李显罢免敬晖等5人的宰相职务，封他们为王，实际上是削夺他们的实权。紧跟着，武三思让其党羽在宫内宫外散播谣言，很快，敬晖等人就被贬官、流放，直到被杀害。之后，凡是不归顺武氏的人，敬晖等人的结局就是他们的下场，至此，大权尽归武三思。

武三思接到告密，驸马王同皎也非常痛恨他及韦后的所作所为，武三思即命令党羽冉祖雍等人，上书诬告驸马王同皎暗中结识壮士，准备暗杀武三思，废除韦后，王同皎等人全部被杀。连曾起草请削武氏诸王表的中书舍人岑羲也被贬为润州刺史。因为韦月将、高轸曾上书揭露武三思父子的罪行，所以武三思进献谗言，最后韦月将被问斩，高轸被流放。而黄门侍郎宋璟坚持韦月将所犯的事不至于被杀头，大理卿尹思贞也借故延迟刑期。

武三思得到消息后，十分不屑，下令将尹思贞贬为青州（今山东省青州市）刺史、宋璟贬为贝州（今河北青河西北）刺史。在极力排斥异己之外，同时他也大力提拔重用依附于他的兵部尚书宗楚客和御史中丞周利用等人，使这些人成为其"羽翼"和"耳目"。因此周利用、冉祖雍等人被世人斥之为武三思的5条走狗。

武三思可以说是"顺我者昌、逆我者亡"的典型人物。他经常对人说："我不知道世间什么人被称为善人，什么人被称为恶人，但对于我来说对我善的人就是善人，对我恶的人就是恶人。"韦后和武三思都非常讨厌唐中宗李显的太子李重俊，因为他不是韦后所生。安乐公主、武崇训夫妻也常常侮辱太子。武崇训甚至唆使安乐公主去请求唐中宗李显将太子废除，立自己为皇太女。因此，在公元707年7月，气愤至极的太子李重俊和大将军李多祚等人联合，率御林军骑兵300多人，杀掉了武三思、武承嗣及其党羽等人。武三思死了之后，中宗将其追封为梁王，谥号为宣；将武崇训追封为鲁王，谥号为忠。唐睿宗李旦继位后，下令将武三思、武崇训的棺材给斩了、暴尸，平了他们的坟墓。但武三思曾经与魏元忠等撰写《则天皇后实录》20卷。

局势分析

武三思因为与武则天的姑侄关系，在武则天掌权之后被提拔重用，在武则天称帝之后更是被册封为梁王。为了巩固自己的地位，为了有朝一日能满足自己的野心——做皇帝，武三思想尽一切办法讨好与逢迎武则天及其宠臣，因此也越来越得武则天的宠爱。后来，武则天倒台之后，武三思就与韦后、上官婉儿以及安乐公主暗中勾结，再一次坐上了宰相的位置。随后，他极力拉拢亲信，迫害异己，凡是不顺着他的人，大多数都被他利用各种理由而陷害，或被贬谪，或被流放，或被杀头。朝廷中的忠臣变得更少了，进而导致大唐王朝的统治更加腐败，天下百姓的生活也变得更加困苦不堪。武三思简直就是一个名副其实的危害国家统治的奸佞小人！

说点局外事

上官婉儿因为她的爷爷上官仪犯罪被杀成为奴婢的原因，长期住在宫中，所以她对政治事务颇为熟悉，再加上她聪明伶俐，饱读诗书，博览经史，文思敏捷，才华出众，所以武则天很欣赏她，经常让她参与讨论一些政事，草拟一些文件，相当于武则天的私人秘书。在武则天去世之后，唐中宗李显聘上官婉儿为妃，封她为婕妤，让她专门掌管草拟诏令的职务。上官婉儿文才很好，又很浪漫，在武则天还没去世的时候，就跟张昌宗关系暧昧，现在又跟武三思暗渡风月。因为唐中宗李显对韦后一直不加禁制，又加上韦后野心勃勃，总想成为武则天第二。每当中宗上朝的时候，她都要跟随在旁，垂帘听政。

上官婉儿为了巩固自己的权势，所以很讨好韦后，之后又给韦后引荐武三思，使他们苟合成奸。在宫中大家几乎都知晓，武三思与上官婉儿、韦后三人之间的污秽行为，就只有眼昏耳聩的中宗李显自己不闻不知，还把给自己头上戴了顶绿帽子的武三思视为知己，视为心腹。如果武三思三天不进宫，唐中宗李显就陪韦后出宫，去武三思的家。虽然韦氏与武三思相互调笑戏谑，对饮亲狎，但是唐中宗李显却不以为然。

宫中的丑事传扬出去，听说的人都叹气摇头。尤其是武则天丧失帝位的时候，唐中宗李显对武三思过去种种恶行视而不见，没有严惩，才促使他后来更变本加厉。

贪婪而又忠诚的高力士

提起忠君爱国，人们可能会想到尽忠守节的苏武，可能会想到精忠报国的岳飞，可能会想到宁死不屈的文天祥……几乎没有人会想到高力士，因为在不少人的观念中，高力士就是一个善于钻营、弄权干政的大奸臣。

然而，历史真的如书或影视作品中那样吗？高力士真的是这样一个罪该万死的恶人吗？其实不然，追根溯源高力士的确贪婪，但也确实忠心。

高力士，原名叫做冯元一，是广东潘州（今高州）人。据说，他的曾祖父就是唐朝初期高州总管冯盎，他的父亲——冯君衡也曾担任过潘州刺史之职。但是，公元692年，冯君衡由于协助酷吏万国俊任意罗织罪名，滥杀无辜，被朝廷治罪，落得了一个被查抄全家的下场。

当时，年仅仅10岁的冯元一也受到了牵连，被阉割成为了一个低贱的奴才。冯元一在15岁时进了皇宫，被宦官高延福收养，并且改名为高力士。从一个官家少爷，到任人使唤的阉人，高力士的整个青少年时代都饱含着动荡与屈辱。

对生的渴望，让高力士顺从了命运的安排，他一心一意做起了宦官。成年后，他不仅长得人高马大、仪表堂堂，而且聪明伶俐，做事小心谨慎，考虑问题细致全面。凭借缜密的心思，他有幸得到了武则天的赏识，担任宫闱丞之职，主要负责传达诏令的工作。

中宗返政之后，高力士开始为临淄王李隆基效命，并且成为了他的心腹。高力士十分擅长骑射，先后两次参加了诛杀韦后与太平公主的宫廷斗争，并且立下很大的功劳，被提拔为右监门卫将军、知内侍省事，成为了宦官中职位最高的人。这时，高力士的主要工作已经变成掌管内务、皇宫警卫以及传达皇帝的旨意。

对唐玄宗李隆基，高力士可谓鞠躬尽瘁，把皇帝也服侍得周周到到。他曾经这样表白道："我出生在少数民族地区，在和平安定时期长大，追随陛下已有三十多年了。我曾经发过誓，对陛下竭尽忠诚，即便粉身碎骨也在所不辞，以此报答皇上对我的恩典。"无论是否为奉承之语，但眼下的权力地位、荣华富贵，确实是皇帝给他的。

高力士比唐玄宗大1岁，从青年时代就开始追随并陪伴在唐玄宗的左右，形影不离长达五十多年之久。在长期的相互接触中，高力士将唐玄宗的性格与脾气揣摩得十分透彻，对于唐玄宗的好恶心思也是一清二楚。尽管他顺从并迎合唐玄宗的意志，忠贞不渝，但又不一味地进行歌功颂德，规避缺点，而是常常十分巧妙地为唐玄宗提意见，将存在的问题指出来。

公元754年6月，唐军在云南战事中失利，全军覆没。但奸相杨国忠却故意隐瞒真相，欺骗唐玄宗，居然将失败说成了胜利。朝廷上下都害怕他，没有一个人敢把真实的情况告诉皇帝。被蒙在鼓里的唐玄宗还高兴地对高力士说道："现在朕已经老了，将朝廷中的所有事情都交给宰相，将边关的事情都委托给将帅，也就没有什么可操心的了。"

对此，高力士十分尖锐地提出反对意见："臣听闻云南已经战败了好几次，边疆将领（指安禄山）手中掌握了相当重要的兵权，陛下并没有什么好的方法对他们进行制约，臣担心一旦爆发什么危机，将根本来不及补救，这怎么能说是什么都不用操心了呢！"

同年秋天，天降暴雨，洪水成灾，杨国忠又将灾情隐瞒了下来，甚至还故意拿着长势比较好的庄稼，对唐玄宗说："尽管雨下得有点儿大，但是并没有对庄稼造成多大的影响。"唐玄宗对他的话半信半疑，在身边没有其他人的时候，单独问高力士实情。高力士回答："自从陛下将朝政大权交到了宰相的手中之后，赏罚就变得十分不公，阴阳也随之失调。臣根本就不敢再说什么了！"高力士的短短几句话，不但说出了灾情，而且也指出了宰相专权、群臣不敢说话的现象。无奈积弊已深，回天无力。唐玄宗听了高力士的话，也只能默不作声。

唐玄宗非常信任高力士，经常说："力士值班之时，朕睡得都比平日安稳许多。"高力士常常夜宿宫中，成为了唐玄宗与外界进行联系的纽带。每次各地有奏章送来的时候，都会先让高力士过目，然后再向唐玄宗汇报。如果是比较小的事情的话，高力士就直接给处理了。或许他处理政事是僭越了，但对于不大爱理政务的唐玄宗来说，高力士的做法是否就是帮上司分忧呢？

因为高力士的地位比较特殊，身价自然也就非常之高。在皇宫之中，太子称呼他为"二兄"，各个王爷公主称呼他为"阿翁"，而驸马辈则称呼他为"爷"，可以说，大家都对他非常敬重。在朝廷之外，善于投机钻营的文武大臣们也都想尽一切办法地巴结他。像宇文融、李林甫、韦坚、杨国忠以及安禄山等将相大臣都曾经走过他的后门，其他人就更不用说了。

高力士曾经在长安来廷坊营造宝寿寺，铸造了一口很大的钟，所有的文官武将都来祝贺，只要是敲一下钟，就必须捐献10万钱。有人为了讨好他，竟然连续敲了20下。担任金吾大将军之职的程伯献与担任少府监之职的冯绍正等都与高力士有八拜之交，高力士的母亲去世的时候，程伯献等人都身披麻布服，头上戴白，充当孝子，在灵前哭得死去活来。

开元初年（713），高力士迎娶了吕玄晤的女儿作为妻子，玄晤立即从京师不起眼的小官吏被提拔为少卿、刺史等要职，吕氏的兄弟以及亲戚也都跟着沾了不少光。吕氏死后被安葬在城东。在举行葬礼之时，仪式相当隆重，来送葬的人群将大街小巷都给挤满了，队伍出发之后，从高府到墓地，车马络绎不绝。

因为唐玄宗李隆基的信任，高力士的官阶职位噌噌地往上升。天宝初年（742），高力士以宦官之身被册封为冠军大将军、右监门卫大将军，进爵渤海郡公。天宝七年，即公元748年，高力士加骠骑大将军（武散官从一品）。公元755年，唐玄宗专门设立了两个内侍监（职事官正三品），由高力士与另外一个叫做袁思艺的宦官出任。高力士的权势可以说是显赫一时。

后来，袁思艺背弃了唐玄宗，投靠了安禄山，而高力士则始终跟着唐玄宗一起逃亡到了成都，被晋封为齐国公。等到他们返回长安之后，高力士又被册封为开府仪同三司（文散官从一品），赏赐实封五百户。

公元760年，高力士被李辅国陷害，被贬到了巫州（今湖南怀化）。公元763年，在被赦免返回的途中，得知唐玄宗已经死的消息后，高力士远眺北方，放声痛哭，最终吐血而亡。自己追随了一辈子的君主已离人世，他不想也不会独活。千里相随、同生共死，再忠诚的心也不过如此。

代宗时期，追赠高力士为扬州大都督，并赐予其陪葬泰陵（玄宗陵墓）的恩宠。

局势分析

尽管高力士是唐玄宗身边非常得宠的红人，但是他一生谨言慎行，对唐玄宗忠心耿耿，并没有专权跋扈，不可一世。虽然他可能也会利用手中之权为自己人谋福利，但他对唐玄宗的忠诚不容置疑。

在贪婪和忠心上，高力士和和珅有着异曲同工之妙，一个生在盛唐，一个生在康乾，一样在国家兴盛的顶端，一样在位高权重的巅峰。他们都像狼一样贪婪，对走后门的人来者不拒，又都像狗一样忠诚，一心希望护佑自己的皇帝能够万寿无疆。

然而，作为专制皇权产物的宦官制度，发展与膨胀的过程中肯定会产生严重的腐朽性。在唐玄宗李隆基统治时期，宦官的地位与权势得到了前所未有地提高。唐朝初期宦官不置三品官的规定被打破。只要唐玄宗稍微对哪个宦官表示满意，此人就会被授予三品衔的左右监门将军。那个时候，拥有品阶穿着黄衣的宦官非常多，大约有三千多人；而穿朱紫服的人更是超过了一千人。

唐玄宗李隆基还常常让自己喜欢的宦官充当各种使职，前往郡县、边疆等地视察，有的宦官甚至直接率领军队去打仗，比如，宦官杨思勖就常常持节外出，率兵征讨。杨思勖治理军队非常严格，多次立下战功，被提拔为骠骑大将军，册封为虢国公。正是因为唐玄宗李隆基的过分信任与宠爱，宦官开始从宫廷走了出来，对朝政大事进行干涉，从而为中唐以后宦官专权局面的出现埋下了隐患。

说点局外事

天宝初年（742），李白来到长安，因为文采出众被册封为供奉翰林，在宫中写诗作文。尽管李白也常常出席宫廷宴会，但是他蔑视权贵，并不将皇帝以及皇帝身边那些有权势的人放在眼中。

有一次，他在皇宫中喝醉了酒。当时皇帝着急让李白起草一份诏书，这个狂妄的"酒中仙"居然伸出脚，让坐在旁边的高力士为他脱掉靴子。一时之间，高力士大窘，但又不好违拗皇上的意思，最后只能心不甘情不愿地为李白脱下了靴子。

当时高力士手中的权力很大，周围的人无一不对他巴结与讨好，他还没有受过这样的待遇，因此高力士非常愤怒，决心一定要报复李白。

杨贵妃非常喜欢李白的《清平乐词》，时常吟诵。高力士就对杨贵妃说："李白在诗中写道：'借问汉宫谁得似，可怜飞燕倚新妆'，实际上是故意将出身低贱的赵飞燕与您进行比较，是在侮辱您。"

杨贵妃听了高力士的话之后，也开始讨厌李白。此后，唐玄宗好几次想要加封李白官职，都被杨贵妃给拦住了。

马嵬驿兵变

唐朝著名诗人杜甫曾经写过一首名叫《丽人行》的诗，诗中有一句是"炙手可热势绝伦，慎莫近前宰相嗔！"其大致的意思就是：杨家的权位实在太高了，那个时候没有人能与之相提并论。如果只是普通人千万不要走到他们面前，因为倘若惹怒了宰相杨国忠，那样就大事不妙了。由此可以看出，当时，杨家的势力有多么大，杨国忠的气焰有多么嚣张。

在唐玄宗独宠杨玉环之后，她的同宗哥哥杨国忠也跟着沾光得志，官职升得很快，后被晋升为宰相，并且身兼40多个官职，而他与安禄山的矛盾激化导致了安史之乱。在安禄山叛乱时期，唐玄宗本想让太子李亨继承皇位，由于杨国忠与其姐妹地极力反对而未成事实；后又弃京逃蜀，如果到了蜀中，李亨在杨国忠势力的控制下就更无出头之日了。因此，太子李亨主谋，借机除掉了杨国忠。

杨钊（杨国忠本名）从小就放纵任性，行为不加检点约束，经常赌博喝酒，生活贫困，失意颓丧，为此常常向别人借钱，大家都瞧不起他。在他30岁于四川当兵的时候，努力用功，表现非常不错，却没有得到节度使张宥的重用，只让他当了个新都尉，在任期结束之后，生活更加贫困。

那个时候，经常在经济上资助他的四川富豪鲜于仲通，向节度使章仇兼琼推荐了他，对他身材魁梧有力，聪明伶俐表示很满意的章仇兼琼，马上将他任命为采访支使，两人来往密切。后来，章仇兼琼想让杨国忠入朝为官做自己的内应来抵抗专权的李林甫，保住自己的官位。此时，杨玉环已经被封为贵妃，而与她同胞的三位姐姐也越来越被宠幸。章仇兼琼利用了这一裙带关系，派遣杨国忠去京城长安向朝廷贡俸蜀锦，并给杨氏姐妹带了价值上万的四川名贵土特产。到了京城之后，杨国忠把土特产分给杨氏姐妹，并且说这些都是章仇兼琼特意送给她们的。从此之后，杨氏姐妹就常常在唐玄宗面前替他们俩说好话，并把杨国忠引见给唐玄宗，将他封为曹参军，由此他就可以随从供奉官自由地出入禁宫了。

杨国忠在长安安顿好了后，就利用杨氏诸姐妹得宠的机会。在宫中和朝廷内，费经心思地巴结讨好皇上和有权势的人，以谋求私利。每次宫中设宴，杨国忠都掌管着娱乐活动的记分簿，玄宗很赏识他精明细致的运算才能，曾经赞赏他是个很好度支郎，为此任命他为监察御史，没过多久又被提升为支员外郎兼职侍御史。一年时间不到，他就被晋升为朝廷重臣，且身兼15个以上的官职。

公元748年，杨国忠建议玄宗将全国各地库存的粮食、布帛卖掉，换成轻货送进国库，他时常对玄宗说，现在国库十分富足，古今都很少有这么充实。于是，在公元749年2月玄宗率领百官去参观国库，看到仓库里钱货堆积如山后，非常高兴，就赐给他紫金鱼袋，兼职太府卿，专掌钱粮收支重任。自此，玄宗对他更加恩宠。第二年10月，玄宗给他赐名"国忠"，以示忠诚。

杨国忠在随着地位的晋升，在生活上也越来越奢侈腐败。每当陪伴玄宗和贵妃出游的时候，杨氏诸姐妹都是先聚集在他的家中，用黄金、翡翠做装饰，用珍珠、美玉做点缀来比赛看谁装饰的马车更豪华，杨国忠还特意拿着节度使的旌节张牙舞爪。

刚开始的时候，杨国忠和宰相李林甫两个人之间属于互相利用的关系。他为了升官尽力巴结讨好李林甫，而李林甫也极力拉拢身为皇亲国戚的他。他积极参与到李林甫陷害太子李亨的活动中，他们用诡计株连了上百家太子的党羽，因此他跟太子的梁子越结越大。后来，在新旧贵族之间争权夺利的时候，在对待王鉷的问题上，他与李林甫之间产生了很大的矛盾。两人本来都很羡慕和嫉妒皇上对王氏的恩宠，但为了约束杨国忠，李林甫极力提拔王氏。在王氏受到杨国忠的陷害时，李林甫又想尽办法为他开脱。由于杨国忠从中作梗，玄宗对李林甫很冷漠，而王氏也被诬陷致死。杨国忠得到了王氏所有的职位。

唐玄宗李隆基如此宠信杨国忠，不单是为了取悦杨贵妃，最主要的目的是借他来约束专权的李林甫，为他取代年迈的李林甫铺路。终于在公元752年11月，宰相李林甫死了，杨国忠接任了宰相的位子，并且身兼40余职。

在杨国忠的政治生涯中，曾经两次发起了征伐南诏的战争。公元751年，杨国忠当上京兆尹没多久，他因为感激鲜于仲通过去对自己的帮助，于是推荐其担任益州长史、剑南节度使，命鲜于仲通率八万精兵攻打南诏，结果全军覆没。对此，杨国忠为他掩盖败状，并且虚报战功。没过多久，杨国忠第二次请求起兵攻打南诏。他们在各地强制招兵，致使无数人妻离子散家破人亡。公元754年6月，杨国忠又派李宓率兵七万再次攻打南诏，最终又惨败而归。两次南征，死亡达二十万众。因为他的好大喜功，不断发动侵略战争，给周边民族人民带来了很大的苦难，导致他们家破人亡，民不聊生。

为了发展自己的势力，杨国忠极力耍弄手段，拉拢人，本来手续十分严格的选官制度，却被他搞得十分松懈，选官的权力被他一人垄断，致使选官质量大大下降。为此，那些满足了权欲的人，常常称赞他。而他的亲信们更是去请求玄宗，在省门为其立碑，用以歌颂他选官的"功劳"。玄宗亲自在鲜于仲通为其撰写的碑文上，修改了几个字。为了讨好、恭维杨国忠，鲜于仲通用黄金填写皇上修改的那几个字。

杨国忠毫不关心百姓疾苦。公元753年，关中地区洪灾持续发生，导致饥荒严重。他还特意让人拿好的庄稼给唐玄宗李隆基看，让其相信洪灾并没有使庄稼损害。对此，也没有人敢揭发、检举他。

公元755年，安史之乱爆发。安禄山以讨伐杨国忠为借口发起了叛乱。他和杨国忠都是在天宝年间新近作高官的人，都很得唐玄宗李隆基的宠幸。不过，他得志的时间比杨国忠早很多。公元742年，他就身任三道节度使，掌控东北地区的精兵，这时杨国忠还没有担任高官要职，公元750年他又被封为东平郡王。虽然杨国忠是皇亲外戚，但是直到公元748年才被提升为给事中兼职御史中丞，专判度支事。在朝廷中，安禄山根本就没把杨国忠放在眼里。在杨国忠接替宰相的职位后，想除掉安禄山，经常在唐玄宗李隆基面前说其有背逆的迹象，玄宗不相信。之后，杨国忠又想到了一个诡计，请奏皇上任命哥舒翰为河西节度使，来排挤和约束安禄山。

公元754年春天，事先接到杨贵妃通风报信的安禄山将计就计，在接到唐玄宗李隆基按照杨国忠的建议故意召他入朝，试探他有没有叛乱的心思的诏书后，故作姿态地向唐玄宗李隆基申述自己忠心耿耿，使得唐玄宗李隆基对他更加信任，准备让他当宰相，但杨国忠适时劝阻了，只将他任命为左仆射。至此，他俩以及唐王朝之间的矛盾越演越烈，再加上杨国忠任宰相后，导致怨声载道，最终使安禄山发起了以讨伐杨国忠为名，实际上是为了夺取皇权的叛乱。

公元756年6月，叛军将潼关攻克，长安朝不保夕，于是唐玄宗李隆基听取杨国忠的建议，打算逃到四川避难。当将士们走到马嵬驿时，因为又累又饿，再加上炎热的天气，都不肯继续前行了。这个时候，杨国忠的政敌太子李亨以及宦官李辅国和陈玄礼都抓住时机，鼓动将士们说这次的事情都是由杨国忠导致的，现在将其杀了就能平息叛乱了。刚好这个时候，在驿站门口有20多个吐蕃使者截住了杨国忠的马头，跟他要东西吃。心怀愤怒的将士们马上将他们包围大喊："杨国忠与吐蕃谋反！"将士们全都围了过来，最终将其乱刀砍死。随后，杨贵妃也被迫上吊自杀，而杨国忠的妻儿全被杀掉。

局势分析

从表面上看，马嵬驿兵变似乎没有任何的预谋，是将士们突然哄闹造反，只是人心所向而致。当然了，不可否认，这是其中的一个很重要的原因。杨国忠奢侈腐败，善于逢迎，为了满足自己的私欲，经常耍弄手段，大力拉拢自己的人，排除异己，甚至还垄断了朝廷的选官制度，导致国家制度更加腐败，人民生活更加困苦，弄得怨声载道。因此，杨国忠已经成了人人得而诛之的奸贼佞臣。在唐玄宗李隆基没有离开长安的时候，将士们可能是敢怒而不敢言。但是在前往马嵬驿的过程中，一路上的痛苦遭遇，再加上之前的怨气，所以将士们恨不得将杨国忠碎尸万段。

这个时候，太子李亨与宦官李辅国、高力士等人趁机弄死了杨国忠。所以，马嵬驿兵变更是一场精心策划的政治斗争。在公元746年，遭到李林甫和杨国忠的陷害打击之后，太子李亨孤立无援；等杨国忠当上宰相之后，又经常排挤、打压太子李亨；在安禄山叛变的时候，唐玄宗李隆基原本打算禅位给太子李亨，但是由于杨国忠及其姐妹的极力反对，最后没有成功；后来唐玄宗李隆基接受杨国忠的意见，又打算逃去四川，如果到了四川，在杨国忠势力的打压下太子就更无出头之日了。于是，太子李亨主谋策划了这场士兵哗变，借机将杨国忠除掉了。

总而言之，杨国忠死于马嵬驿并不是偶然，而是他自己作孽的结果。其实，无论这场兵变的原因是什么，腐蚀国家统治的大奸臣杨国忠被杀死了，这对于岌岌可危的唐王朝来说是一件好事。

说点局外事

杨贵妃自从得宠之后，就相当思念自己的姐姐，于是就向唐玄宗李隆基提出让几个姐姐来长安的请求。对杨贵妃宠爱有加的唐玄宗李隆基自然不会反对，并且还赏给杨贵妃三个姐姐非常大的房子作为嫁妆。在天宝初年，唐玄宗分别册封她们为虢国夫人、韩国夫人与秦国夫人。这三位夫人经常出入宫廷，成为了炙手可热的宠儿，据说就连公主也要对她们以礼相待。

随着唐玄宗李隆基对杨贵妃越来越宠爱，这三位夫人受到的恩赏也随之增多，她们每年光是脂粉钱就能得到千贯之多。据说，这三位夫人经常攀比谁家的房子大，谁家的房子漂亮。倘若发现有人的房子比自己的好，就一定要重建。她们每建造一处住宅就要花费千万以上。其中，虢国夫人是最浪费的一个。

天宝十载（751）正月，杨氏姐妹一同外出游玩，她们居然与广宁公主的人马争着从西市门先出去。而杨氏姐妹的奴仆居然用鞭子对公主的衣服进行抽打，导致公主从马上摔了下来。这个时候，驸马程昌裔走过来想要将公主扶起来，结果被打中了好几鞭。广宁公主来到唐玄宗李隆基面前哭着喊冤，唐玄宗李隆基这才命人将那个动手的杨家奴仆给杀了。

那个时候，社会上流穿着这样一句歌谣："生男勿喜女勿悲，生女也可壮门楣。"唐玄宗李隆基每年10月份都要前往华清宫去游玩，届时，杨氏姐妹与杨国忠等人都一定会伴随左右，车马繁荣，人声鼎沸。凡是他们走过的道路，随处都可以看到被丢弃的首饰珠宝玉器。

动摇唐朝统治的安史之乱

唐玄宗李隆基统治的后期，非常昏庸腐败，整天只知道寻欢作乐，根本不会再用心处理朝政。他慢待忠臣，宠信小人，才使得李林甫、杨国忠、安禄山等奸佞之臣专权了二十多年，最后，引发了"安史之乱"，将一个原本很昌盛的唐王朝送上了衰败的道路。

安禄山原本是营州（治柳城，今辽宁朝阳）的一个杂胡，原名叫作阿荦山。他的母亲是一个巫婆，父亲死后，母亲带着他嫁给了突厥人——安延偃。没有过多长时间，安延偃的部落就被打散了，阿荦山逃到了唐朝，并且改名为安禄山。安禄山非常狡黠，十分擅长揣度别人的心思，并且作战的时候也相当骁勇。所以受到幽州刺史张守珪的赏识，并被其收为养子，加以重用。

奸臣李林甫为了更好地掌握朝政大权，在用人的时候，不用忠臣良将，专门使用安禄山这样胡人作为蕃将，觉得他们很好控制。这就为安禄山后来雄据一方提供了一个非常有利的时机。由于李林甫的极力推荐，再加上安禄山本人虽是一介武夫，但他非常善于利用一切可以利用的条件打通自己的仕进之路。所以，唐玄宗李隆基日益宠信安禄山。

公元750年，唐玄宗李隆基赐安禄山为爵东平郡王，开创了大唐王朝将帅封王的先例。随着安禄山越来越受唐玄宗李隆基的宠爱，野心也变得越来越大。其实，早在公元747年，安禄山就有了造反的野心。他以对契丹的入侵进行防御作为借口，大肆修建雄武城，贮藏大量的兵器。河西、陇右节度使王忠嗣对此有所察觉，曾经多次向唐玄宗李隆基上奏说"安禄山必定会造反"，但唐玄宗李隆基却被安禄山制造出来的假象所迷惑，对于王忠嗣所说的事情根本不相信。后来，一直有人不断地奏报安禄山行为不轨、想要叛乱，然而，唐玄宗李隆基根本不当回事。公元749年，安禄山已经领三镇，刑赏可以自己处理，其傲慢的姿态一天比一天明显。他看到唐玄宗李隆基已经老了，对于杨贵妃非常宠爱，又看到唐朝的武备堕废不堪，就有了"轻中国之心"。

杨国忠担任宰相后，由于安禄山没有乖乖地依附于他，反而看不起他，多次向唐玄宗李隆基说安禄山想要阴谋造反，但是唐玄宗李隆基依旧不听。不仅这样，唐玄宗李隆基反而越来越信任安禄山。但杨国忠认定安禄山叛变是迟早的事，他为了证明自己的判断是正确的，就采取一些措施来刺激安禄山，让其早日叛变。

就这样，在杨国忠的多次刺激之下，安禄山下定决心将造反的时间提前。他和屯田员外郎高尚、太仆丞严庄以及将军阿史那承庆秘密进行谋划，对外假称收到了密敕，命令安禄山率领大军进入长安征讨杨国忠。各位将领听了之后，都感到相当震惊，相互看着对方，但是谁也不敢有异言。11月9日，安禄山与史思明一起在范阳反叛，叛军人数达到了15万，浩浩荡荡，杀奔长安。

起初，唐玄宗李隆基怎么都不相信安禄山造反。当太原守宫将安禄山造反的事情详细地上奏的时候，唐玄宗李隆基还以为是讨厌安禄山的人在污蔑安禄山。等到叛军攻入了河南之后，唐玄宗才接受了这个事实，被迫召集朝廷众位大臣部署防务。

但是因为唐王朝已经太平了太长的时间，所以即便是士兵也不懂战争，根本没有什么抵抗能力。而安禄山所率领的叛军则不一样，他们御边多年，在不断战争的熏陶下，有着非常强的素质，可以说兵精将勇。再加上契丹等少数民族的士兵，常年将掠夺作为职业，更是相当剽悍。所以叛军所经过的地方，唐军基本上都是望风瓦解，守将有的打开城门投降叛军；有的放弃城池，自己逃窜；有的被叛军所擒获，一路上可以说是势如破竹。这样一来，叛军占领博陵，攻破藁城，从灵昌渡过黄河，快速地将陈留拿下，攻下了荥阳，接着又将东都洛阳攻了下来，最后越过了潼关。

公元756年1月，安禄山自称为大燕皇帝，改元圣武。随后，安禄山命令部队向潼关发起猛烈地进攻。唐玄宗李隆基任命在家养病的哥舒翰担任兵马副元帅，率领8万大军前去讨伐安禄山。本来，哥舒翰在潼关坚守了2个月之后，战局逐渐地向对唐王朝有利的方向发展了。但是杨国忠向来与哥舒翰有嫌隙，便向唐玄宗李隆基进谗言，逼迫哥舒翰放弃坚守，出兵作战。面对一道又一道圣旨的严令逼迫，哥舒翰实在没有办法了，最后他大哭了一场，然后，率领部众出关迎战叛军。结果，哥舒翰大败，潼关也失陷了。

潼关失守之后，京师再也没有别的屏障了，叛军就好像凶猛的洪水似的涌向长安，朝廷上下陷入了一片混乱中。第二天夜里，唐玄宗李隆基就私自带着皇子妃子以及部分大臣宦官向西逃去了，想要到成都去避难。

当唐玄宗李隆基一行人逃到马嵬驿的时候，随行将士一个个饿得精疲力尽，胸中憋着冲天的怨气。于是，愤怒的将士们杀了奸相杨国忠，又逼着唐玄宗李隆基将杨玉环赐死，这才消了内心的怒气，然后护送着唐玄宗李隆基来到了成都。而太子李亨却被兵将们留在了灵武，以便主持军务。不久，李亨就登基称帝，历史上称为唐肃宗，尊唐玄宗李隆基为"上皇天帝"，改元至德。

安禄山攻进长安之后，骄傲自满，开始日夜饮酒作乐，再也没有了向西进攻的志向。所以，唐玄宗李隆基才能够顺利地到达了成都，唐肃宗李亨也没有陷入被追逐的痛苦中。安禄山非常野蛮残暴，每每攻破一座城池之后，都会大肆抢掠与杀戮。占领长安之后，安禄山听闻民间有很多趁着乱世盗取府库中的宝物的传言，于是就命士兵们大肆搜索了三天，并且将私财全都掠夺了出来。又命令府县进行追查，那真可谓"铢两之物无不穷治，连引搜捕，枝蔓无穷，民由是骚然，益思唐室。"

很显然，这样的局面对于唐王朝平叛是非常有利的。唐肃宗登基没多久，大将郭子仪等率领5万精兵从河北赶到了灵武，使唐王朝的军威得以壮大，让人感觉平定叛乱总算有了希望。不久之后，出色的政治家——李泌也来到了灵武，唐肃宗看到之后非常高兴，出则与李泌并辔，入则同李泌对榻，不管大事小事都要向他咨询，而且只要是他的意见没有不遵从的。如此一来，唐王朝快速地形成了平定叛乱的最高指挥中心。

但是，在这个时候，永王李璘的反叛，这不仅使内乱的程度更加严重，而且对唐王朝的经济补给线产生了很大的影响，极有可能导致唐朝军队陷入绝境。唐肃宗花费了将近 3 个月的苦战之后，才将皇族内部的叛乱势力消灭，将李磷斩杀。

在这一段时间内，安禄山的叛军内部也产生了相当大的变故。安禄山自从率兵反叛以来，其眼睛就慢慢地失明了，到了公元 757 年 2 月，已经完全看不清东西。眼睛失明，再加上生病，使得安禄山的脾气变得极其暴躁，稍微有一点儿不顺心的地方，他就对左右不是鞭笞，就是斩杀，即便是当时非常受安禄山宠信的人也很难自保。已经瞎了很多天的安禄山感觉自己用不了多久就会离开人世了，就想要将他的大燕皇帝之位传给宠妾段氏所生的儿子——安庆恩。但是，安禄山的大儿子安庆绪不服气，就将安禄山杀死，自立为皇帝。然而，安庆绪因为极其昏庸无能，整天只知道饮酒作乐，所以叛军内部开始逐渐地分裂，相互残杀。

当然了，唐军与叛军之间也是经常对阵，相互攻击，不过，唐军获胜的次数比较多，所以，很多被叛军占领的城市相继被收复了回来。安庆绪逃到邺城之后，将邺城改为安成府，改元天成。刚开始，跟着安庆绪的骑兵仅仅有 300 人，而步卒也只不过有 1000 人左右。为了保住邺城，他就到处征兵，部众迅速增长到 6 万多人，只有史思明没有给他一兵一卒，也没有派遣使者与之进行联系。安庆绪心中很清楚，史思明这是有了二心，于是就派遣将领率领 5000 人马来到范阳，借着征兵的名义，寻找时机对史思明进行袭击。史思明得知这个消息后，觉得安庆绪已经是"似叶上露，不久必亡"，所以，就下定决心向唐王朝投降。最后，他利用计谋拿下了安庆绪的人，并且向唐王朝上表归降。唐肃宗知道后非常高兴，敕封史思明为归义王，让其依旧兼任范阳节度使。

然而，史思明做了归义王之后，并没有做到真正的归义，还没有过半年，即公元 758 年 6 月，史思明就再次反叛，重新将叛乱的战火点燃了。同年 9 月，唐肃宗命令朔方郭子仪、河东李光弼等九位节度使，率领 60 万大军，大举征讨安庆绪。

这个时候的安庆绪的部队已经变成了一支孤军。为了获得生存，他在万般不得已的情况下，以将大燕皇帝让出来作筹码，向史思明求援。史思明也想趁机，继续发展个人的势力。于是，他马上派出部队，占领了魏郡（相当于今河北邯郸南，山东寇县，莘县及河南安阳范围）。但是，从此之后，他就开始犹豫不定，观望不前，只是偶尔派出一小股部队，对唐军的后方进行骚扰，抢劫唐军的粮草，让唐军防不胜防。

唐军撤退之后，史思明就通过计谋将安庆绪杀死了，占据了安庆绪原本所占领的所有州县，并且率领部众退回了范阳，自称为大燕皇帝，改元天顺，立他的儿子史朝义为怀王，任命周挚为宰相，任命李归仁为将军，将范阳改为燕京。

公元759年9月，史思明再一次率领大军南下，分兵四路大举向中原进犯。此时，唐朝的朝政大权又落到了宦官李辅国与皇后的手中，他们对于平叛战争一点儿也不重视。后来，又因为奸臣的谗言，郭子仪被罢免了官职，由李光弼代为掌管朔方节度使兵权，但郭子仪的原有部下都不听从李光弼的指挥，导致东都洛阳再次失陷，中原又成为了一个屠宰场。

公元761年3月，史思明的大儿子史朝义发动兵变，杀了父亲史思明，自立为大燕皇帝，改元为显圣。一时间，史思明的余党相互之间进行残杀，范阳城中的内乱接连不断，直到过了好几个月才平息下来。

公元763年1月，在范阳（今河北涿州市）留守的叛将李怀仙向唐军投降。于是，唐王朝就派人接管了范阳。史朝义对此并不知情，想要进入范阳城没有成功。后来，史朝义又向东奔向广阳（今山西阳泉平定县），但是，也没有被收留，因此，史朝义就想要向北去投奔契丹。然而，他还没能到达契丹的地盘，就被李怀仙的部队追上了。最后，史朝义在一片树林中自缢而亡。至此历时8年之久的安史之乱终于被平定了。

局势分析

安史之乱所带来的后果是非常严重的，主要包括以下几点：

第一，社会混乱

安史之乱使得社会遭受了一次空前的大浩劫，根据《旧唐书·郭子仪传》记载："宫室焚烧，十不存一，百曹荒废，曾无尺椽。中间畿内，不满千户，井邑榛荆（"榛"应改为"榛"），豺狼所号。既乏军储，又鲜人力。东至郑、汴，达于徐方，北自覃、怀经于相土，为人烟断绝，千里萧条"，基本上包括黄河中下游地区，全部变成了一片荒凉。亲身经历了战乱之苦的杜甫，也为此写下了："寂寞天宝后，园庐但蒿藜，我里百余家，世乱各东西"。由此足以说明经过这场战乱，天下的老百姓都陷入了无家可归的状态中。

第二，藩镇割据

安史之乱导致统治基础被摧毁，封建集权被削弱，为封建割据创造了有利的条件，使得大唐王朝由强盛走向衰弱，从此一蹶不振。此后，中央政府再也没有能力控制地方，全国各地拥有兵权的王侯等，都纷纷各自割据，不服从朝廷的管制，与唐王朝分庭抗礼，直到唐王朝灭亡，这种现象也没有停止。

第三，剥削加重

因为长期的战争，导致劳动力出现严重不足，统治阶级不得不加强税收的力度，使得阶级压迫与统治阶级的压榨变得更为严重，因而致使农民阶级与地方阶级之间的矛盾一天比一天尖锐，最终逼迫农民不得不举起了义旗，从而导致唐朝中叶农民叛乱此起彼伏，纷争不断。

第四，边境不稳

经过安史之乱后，唐王朝丧失了控制周边地区其他民族的能力。在安禄山起兵的时候，唐王朝就把陇右、河西以及朔方一带的部队全部调到了内地，导致边境防御变得空虚起来，西边吐蕃趁机进犯，得到了陇右以及河西走廊，安西四镇就这样相继失去了。之后，吐蕃的侵犯继续深入，唐王朝就连长安城也不一定能保住了。从此之后，唐王朝就变得内忧外患，朝不保夕，面临着灭亡的威胁。

第五，经济重心南移

安史之乱使得"北民南迁"，致使全国的经济中心进一步向南移动。安史之乱对于北方造成了非常大地破坏，使得众多北方人向南迁移——"四海南

奔似永嘉"。南方地区相对比较安定一些，北方人口向南迁移，也为南方带去了大量的劳动力以及先进的生产技术，极大地促进了南方的经济发展，南方的经济逐渐地超过了北方。

总而言之，历时七年零二个月的安史之乱，尽管最终被平定了，但是，它仍然对中国后世的政治、经济、社会、文化以及对外关系的发展都产生巨大而深远地影响。司马光在《资治通鉴》写："（安史之乱爆发之后）由是祸乱继起，兵革不息，民坠涂炭，无所控诉，凡二百余年。"

说点局外事

当杨玉环听到关于安禄山的各种传闻之后，她很想见见这个英雄。然而，当她亲眼看到这个人的时候，却感觉他的长相肥胖而滑稽，非常好玩。不过，更为有趣的还在后面呢。当安禄山拜见唐玄宗李隆基之后，居然似乎看不到任何人一样，直接来到杨玉环的面前，向她深深地鞠了一躬，然后称其为母亲。这让唐玄宗李隆基和杨玉环都很吃惊，不知道他为什么要这么样。安禄山解释说，他知道自己的母亲是谁，却不知道自己的父亲是谁，可在很小的时候，母亲就去世了。所以，他很尊重与怀念自己的母亲，渴望自己能再有一个母亲。但是，他觉得一般人不配做他的母亲，只有杨玉环才配做他的母亲。

对于他的这个建议，唐玄宗李隆基与杨玉环更为惊讶，因为杨玉环比安禄山小十几岁，儿子比母亲还大很多，这实在太荒唐了。但是，看到他说得十分认真，知道他不是在开玩笑，于是，在片刻的思考之后，唐玄宗李隆基表示自己没意见，让杨玉环自己决定。杨玉环觉得这事很有趣，自己只要点点头，就可以多出一个这么大的儿子，而且还是她一直想见的人。所以，她也没多想什么，就爽快地点头答应了。

于是，宫中马上开始摆盛宴对这件事情进行庆贺，同时，唐玄宗还将不少金银赐给了安禄山，而且还给他加官晋爵，将北部边塞的军政实权给了他。这样，又有10万人马归入了他的旗下。

草人借箭阻叛军

《三国演义》中诸葛亮"草船借箭"的故事，可说是耳熟能详。然而诸葛亮"草船借箭"并不是历史，而只是小说家的一种创作演绎。不过，在唐朝历史上确确实实有一位能够"草船借箭"的将领——张巡。他曾经利用草人借来箭矢，成功地阻挡了叛军。

张巡是蒲州河东，也就是现在的山西永济人。张巡从小就非常聪明机智，喜欢学习，博览群书，特别擅长作战布阵之法。而且，他这个人还非常讲气节，有才干，乐于帮助人，经常做扶危济困的事情，因而很受当地人欢迎。

安史之乱爆发后，唐玄宗李隆基在万般无奈下带着部分皇子、后妃及大臣、宦官逃离长安，紧接着安禄山率领大量的叛军就攻进了长安。唐朝大将李光弼、郭子仪听到长安失守的消息，不得不放弃刚刚收复的河北，李光弼选择退守太原，而郭子仪则退守灵武。

其实，在叛军进入潼关之前，安禄山已经派唐朝的叛将令狐潮去攻击雍丘，也就是今天的河南杞县。这个令狐潮原本是雍丘的县令，但是在安禄山率军占领洛阳的时候，他就投降安禄山。在雍丘县附近有一个名叫真源县的地方，而这个县的县令的名字叫作张巡。张巡宁可战死也不愿意投降，并且发动百姓征集了1000多名壮士，提前占领了雍丘（今河南省杞县）地区。

令狐潮接受安禄山的命令带了4万多叛军向雍丘地区发起进攻。张巡与雍丘全体将士誓死与敌军对决，死死地守了两个多月。将士们每天都穿戴着盔甲吃饭，受伤之后自己包扎好伤口就又立即加入战斗中。在这两个多月中，他们曾经打退了叛军多达300多次地围攻，并且杀伤一批又一批的叛军，这迫使令狐潮最后不得不退兵。

在令狐潮第二次集结人马前来攻城的时候，长安被攻陷的消息已经传到雍丘，令狐潮十分得意，派人送去一封劝降信给张巡。就这样，长安沦陷的消息在雍丘的唐军将士中传播开了。于是，雍丘城里的6名将领，在以前都是很有名望的人，都有点动摇了。他们一起去找张巡劝说："现在我们和对方之间的力量相差太悬殊了，而且，现在皇上是死是活也弄不清楚，我们还不如提早投降吧。"

正直的张巡一听这些话，肺都快气炸了，但是他表面上仍然装作无所谓的样子，并且答应等到第二天再与大伙一起商讨。但是到了第二天，他把全县将士召集到了厅堂，派人把那 6 名将领叫到厅里，当着大家的面宣布他们犯了动摇军心、背叛国家的罪行，并且下令当场把他们 6 个人处斩了。将士们看了以后，都被张巡的爱国热情所鼓舞，表示自己一定与敌人决战战到底。

在接下来的日子里叛军一直在攻城，张巡安排兵士在城头上用射箭的方法把叛军逼回去。但是时间一长，城里的箭很快用完了。为了寻找箭矢的事情，张巡可以说是心急如焚。最后，聪明的张巡想到了一个非常棒的方法。

在一个漆黑的深夜里，雍丘城头上出现了黑压压的一片，模模糊糊看着好像有无数个穿着黑衣服的士兵，沿着一条绳索爬到城墙下面。这件事被令狐潮手下的小兵发现了，于是立即报告给了他。令狐潮当即判定是张巡趁夜里派兵来偷袭，就准备弓箭手向城头放箭，一直放箭放到天色渐亮，叛军再去仔细看的时候，殊不知那城墙上挂的全是张巡编的草人。

而雍丘那边的城头上，张巡手下的兵士们兴高采烈地拉起草人。那一千多个草人的身上，鳞次栉比的插满箭。兵士们只是粗略地数了一下，居然有几十万支箭。这样一来，城里的军士们再不用为没有箭发愁啦！

又过了一段时间，城墙上又出现了像那天夜里一样的"草人"。令狐潮的手下看见觉得既好气又好笑，都认为又是张巡为了骗他们的箭而耍的把戏。于是大家谁也不去在乎了。

孰料，这一次从城墙上下来的并不是什么草人，而是张巡秘密派出的五百名勇士。这 500 名勇士攻其不备，对令狐潮的大营突然袭击。可是令狐潮想组织士兵抵抗已经来不及了。因此，几万名叛军失去将领指挥，向四周逃命去了……

令狐潮一连几次中了张巡的计策，气得恨之入骨，回去以后又增加了几倍兵力攻城。张巡命令他的部将雷万春在城墙上指挥守城。令狐潮的兵士们看到城墙上出现一个将领，就对着他放箭。雷万春还没有做好万全准备，脸上一下子中了6箭。但是为了稳定军心，他强忍疼痛，一声不吭地站立着。叛军将士一直认为张巡有很多阴谋诡计，以为这一次肯定又是放了一个假的木头人来骗他们。

后来，令狐潮从他的间谍那里知道，那个中箭后依然不动的"木人"就是将军雷万春，不禁非常惊讶。于是他带领士兵在城下喊话，要求要见张巡。张巡按照他的话上了城头，令狐潮对他说："我知道了雷将军是个铁汉子，更加明白你们的军纪确实严格。只是可惜你们太傻，不懂得识天命啊！"

张巡冷笑着回答："你们连做人最起码的道理都不明白，还有什么资格配谈天命！"说着，他就令将士们出城攻击。令狐潮吓得调转马头拼命地逃跑，他逃脱了，但是他手下的14个叛将，皆被抓获。

从那以后，令狐潮驻扎在雍丘北面，只是不断侵扰张巡的粮道，再也不敢贸然攻城。虽然叛军通常有几万人，张巡的兵将不过仅仅有1000多人，但是张巡总能瞅准机会出击，总是以少胜多，取得胜利。

就这样与令狐潮僵持了一年，那个时候，任睢阳太守的许远派人给张巡送来加急文书，说叛军安禄山派大将尹子奇率领13万大军要向睢阳发起猛烈进攻。张巡一接到告急文书，二话不说立马率兵驰援睢阳……

局势分析

尽管张巡的官职并不高，但是在安史之乱发生之后，他能够非常清醒地认识到坚持守住雍丘的意义。为了保卫雍丘，张巡率领所有的将领士兵与叛军斗智斗勇，在缺乏箭矢的情况下，竟然想出了利用草人借箭的妙招，成功地从敌军那里借来了几十万支箭。随后，张巡又利用"草人""木人"的计谋麻痹敌人，然后突然向敌军发起袭击，将敌军打得落花流水。

张巡利用自己的聪明才智，多次以少胜多，将敌军逼到了雍丘北面，使得敌人不敢再贸然向雍丘城发起进攻了，与叛军在雍丘地区僵持了一年左右

的时间，从而阻止了叛军的前进步伐，保护了大唐王朝，同时也为大唐王朝组织反攻赢得了非常宝贵的时间。"安史之乱"最终能够被平定，张巡所作出的贡献是相当大的。因此，很多人都称张巡是"安史之乱"时期著名的抗战英雄，是一个足智多谋，爱国的大英雄！

说点局外事

《三国演义》中，周瑜妒忌诸葛亮的才能，就让诸葛亮10天赶制10万支箭，并且立下军令状。周瑜认为，诸葛亮根本不可能做到，所以，他必死无疑。但是，诸葛亮却没有丝毫慌张，一副胸有成竹的样子。

周瑜派遣鲁肃去诸葛亮处打探虚实，诸葛亮趁机向鲁肃借了20只船，每只船上配置30个军卒，船只全部都用青布作为幔，在每只船的两舷各绑1000多个草把，并且要求鲁肃不可将此事告诉周瑜。鲁肃答应之后，回去见周瑜，没有说诸葛亮借船的事情，只说诸葛亮并没有准备制造箭矢所用的竹、翎毛以及胶漆等物品。周瑜听了之后也感觉很不解。

第一天，诸葛亮没有任何动静！第二天，诸葛亮仍然没有动静！直到第三天晚上四更的时候，他才悄悄地请鲁肃上船，并声称一起去取箭。鲁肃不知道怎么回事，只好陪着诸葛亮去看看究竟怎么回事。

凌晨时分，江面上弥漫着浓浓的大雾。诸葛亮命令将士用长索将20只船连到一起，并且向曹军的大营逼近。到了五更时，船队已经距离曹操的水寨不远了。这个时候，诸葛亮命令士卒让船只一字排开，横在曹军的寨前，并且让士兵们擂鼓呐喊，制造出一副想要进攻的架势。

曹操得知这一情况后，担忧重雾迷江，如果出战可能会遭到敌军的埋伏，于是，就急调6000多名弓弩手与4000多名水军射手一起向江中射箭，想要以此来阻挡前来进犯的"孙刘联军"。一时之间，江面上箭如飞蝗，嗖嗖地向江心船上的草把与布幔射来。过了一段时间之后，诸葛亮又命令士兵调转船头，用船的另一面受箭。等到太阳出来，雾气即将散尽的时候，船上诸多草把上密密麻麻地插满了箭枝。这个时候，诸葛亮才命令士兵返回，并且让士兵们一起大声呼喊:"多曹丞相赐箭!"当曹操知道真实情况之后,诸葛亮的船队已经顺风顺水地走到 20 里外了。曹军想要追赶已经来不及了,曹操非常懊悔。

诸葛亮的船队返回营地之后,一共得到了十几万支箭,到此时刚好三天。鲁肃亲自观看了事情的整个经过,夸奖诸葛亮真乃"神人"也。当周瑜知道这一切之后也是自叹不如。

张巡、许远血战睢阳

在安史之乱的正面战场上,唐朝军队节节败退的时候,在敌军的后方、侧翼以及局部地区却出现了抗击安史叛军的高潮,涌现出了不少悲壮式的英雄人物,其中,张巡与许远血战睢阳(今河南商丘市)是最为壮烈的。

公元 757 年 1 月,叛军安禄山派大将尹子奇率领 13 万大军,开始向通往江淮地区的屏障睢阳,也就是今天的河南商丘发起了非常猛烈地进攻。担任睢阳太守之职的许远急急忙忙地向张巡告急。

至于张巡是什么人,上文已经介绍过了,这里就不再赘述了。而许远则是杭州盐官人,也就是今天的浙江海宁盐官镇人。他的曾祖父许敬宗曾经在唐高宗时期担任过宰相之职。许远宽厚仁慈,通晓吏治。因为他在河西从军,并且对于军事非常熟悉,所以在安史之乱爆发后,被朝廷任命为睢阳太守,以便更好地与叛军对抗。

张巡在雍丘地区将叛将令狐潮打败,立即率领军队救援宁陵,也就是今天的河南宁陵,将另外一支叛军也消灭了。他在收到来自许远的告急信后,觉得睢阳是一个地理位置相当重要的地方,万万不能丢失。于是,他马上就率领 3000 将士赶往睢阳,与许远会合,一起守卫睢阳地区。

张巡与许远合兵到一起,共计才 6000 多人,但是却要对付 13 万叛军,其战斗之惨烈不言而喻。然而,张巡与许远齐心协力,面对强大的敌人,没有一丝一毫的畏惧。张巡与许远年龄一般大,但是生日比许远晚一些,于是,张巡就认许远为兄长。而许远认为自己的才能比不上张巡,于是,就推张巡作了军中的主帅,而自己则负责对军粮以及战争物资的筹集与管理。

对比悬殊，张巡与许远内部人心动摇也情有可原，但势必动摇军心，更不利于对抗强大的叛军。于是，张巡与许远一起先将内部的叛将清除掉了，从而使得军心得以稳定。然后，张巡与许远亲自登上城楼，激励与鼓舞全军将士，一时之间，将士们的士气大振。他们昼夜与叛军苦战，好几次将叛军的轮番攻城都打退了。战争到了最激烈之时，在一天当中，双方就会发生20多次激战。在16天里，张巡与许远的部队将60多名敌将生擒，将2万多敌军打死，全军士卒的士气空前高涨。敌军看到睢阳城短时间内很难攻下，而且还损失了很多将士，于是，他们就在一天深夜偷偷地撤走了。

到了3月份，尹子奇增调了很多兵马，再一次将睢阳城包围起来。张巡趁着叛军还没有站稳脚跟的时候，马上将全部的将士召集起来，打开城门迎战叛军。叛军看到唐军士兵从城中杀来，但是人数并不是很多，所以根本就没有太在意。殊不知，张巡居然亲自高高地举着战旗，带领着兵士们非常英勇地朝着叛军冲杀过来了。如此阵势，叛军的阵营霎时大乱了起来，因此叛军30多名将领以及3000多名士卒全部被唐军砍杀了，丢盔弃甲的叛军被一下子赶出几十里之外……

第二天，叛军再一次对睢阳城形成了合围之势，而张巡也再一次率领大军迎战敌军。在短短的一天之内，他们接连不断地打了几十仗，数次将敌军的兵锋挫败，沉重地打击了叛军的气焰。到了5月份，叛军开始越来越频繁地向睢阳城发起进攻。张巡就下令，让士兵们在晚上擂响战鼓，假装要出城攻击敌军，等到天亮的时候，他们却又偃旗息鼓，没有一丝动静了。叛军刚开始听到唐军的鼓声，认为张巡的部队将要来袭击，就匆匆忙忙地将队伍集合起来，摆开阵势，准备与唐军对战。然而，叛军折腾了整整一夜，也没有看到唐军出战来袭，于是，叛军元帅就命令所有的将士们将盔甲脱掉，回到营地去休息了。这个时候，张巡与部将南霁云、雷万春等十几位将领，各自率领50名骑兵，突然从睢阳城中杀了出来，直接向叛军的营地扑来。叛军瞬时又乱了阵脚。与此同时，唐军毫不迟疑地挥刀就砍，斩杀了50多名敌将、5000多名敌兵。

张巡率领将士们直接向叛军的帅营冲去，想要将叛军的主帅尹子奇斩杀了。但是，当冲到叛军的中军帐前的时候，他们却不知道哪一个人是尹子奇。这个时候，张巡的大脑中突然闪现了一个计谋，只见他随手从地上将一根蒿秆掰了，削成了箭的形状，然后，瞄准一个叛军的士兵射了过去。那个士兵中箭之后，不仅没有感觉到任何的疼痛，而且也没有流出一滴血，就非常好奇地将那支"箭"捡了起来，接着，就大声笑了起来。原来，这支箭是利用蒿秆削成的，根本没有什么杀伤力。于是，他马上将这个消息向主帅尹子奇汇报。这个时候，正在马上非常惊慌，不知道该怎么办才好的尹子奇，一看到这蒿秆箭，就认为是唐军的箭用光了，即刻想指挥自己的军队反击。令他没有想到的是，张巡已经将这一切看得非常清楚，随之命令南霁云对准尹子奇射箭，正好射中了尹子奇的左眼。就这样，中箭的尹子奇从马上摔了下来。张巡看到敌酋被射中，立即命令唐军掩杀了过来，差一丁点儿将尹子奇活捉。尹子奇跑得相当快，所以才把他自己的那条性命捡了回来。

尹子奇经过这一次的败仗之后，非常痛恨张巡，立下誓言：一定要报这一箭之仇。他将伤养好之后，马上又增调了几万兵马，重新包围了睢阳城。

时间久了，睢阳城中的粮食所剩无几了。唐军将士们每天仅仅只能够分到一合米，也就是二两米，再配合着一些树皮以及纸屑等杂物煮着吃来充饥。没多久就有不少将士被活活饿死了，剩下的1600多名将士也都饿得东倒西歪了，其战斗能力基本上已经完全丧失了。然而，他们依靠坚定的信念与顽强的毅力，在张巡与许远的领导之下，依旧非常顽强地守卫着睢阳这座孤城。

叛军知道睢阳城中近乎"弹"尽粮绝了，就制造出了很多云梯、钩车以及木驴等各种新式的器械，加快了向睢阳城进攻的步伐。张巡等人也想出了各种各样巧妙的方式来破解叛军的那么多攻城器械，将敌军的一次又一次进攻都挫败了。叛军看到硬攻行不通，就在睢阳城外挖了3道十分深的壕沟，并且还加筑了木栅栏，打算就这样对睢阳城长期进行围困。

这个时候，睢阳城中的守军开始大量地被饿死，仅仅剩下了600人。而这600人也大多数都是体弱伤残的人。但是，就在与睢阳城相距不是很远的地方，就是唐朝将领许叔冀、尚衡以及贺兰进明等人统治下的谯郡、彭城以及临淮三郡。然而，他们却各自心怀鬼胎，抱着观望的态度，不愿意率兵前来相救。张巡曾经派遣南霁云从睢阳城中杀了出去，求救于他们，希望他们能够增援，但最终都遭到了他们的拒绝。

叛军知道张巡请求增援没有结果的消息之后，就更加紧了对睢阳城的攻势。至此睢阳城基本上已经保不住了。这个时候，有一部分守城将士提出建议，剩下的兵士一起突围出去，可是，张巡、许远觉得睢阳对于江淮来说是一道屏障，倘若失守的话，叛军就会大举南下，将朝廷粮饷的来源切断。而且，守城的将士们都已经饿得不行了，已经相当虚弱了，即便真的杀出去了，也不会走多远的，肯定会倒毙在半路上的，因此，他们最终依旧决定继续在这座孤城中坚守，等待着援军到来。

很快，睢阳城中已经没有一丁点儿粮食了，形势已经到了千钧一发之际。这个时候，张巡命令士兵将战马宰杀了来充饥。没过多长时间，战马也被宰杀完了。将士们就开始依靠速麻雀、老鼠等来维持生命，甚至就连铠甲、弓箭上面的皮子，树皮、纸屑等都吃完了。最后，睢阳城中仅仅活下来了400人，众人心中都非常清楚，再这么坚守下去一定会死的，可是，他们宁可饿死在睢阳城中，也没有一个人愿意叛变或者逃走。

当叛军再一次向睢阳城发起进攻的时候，守城将士们早已经饿得没有了一丁点儿的战斗力。于是，那些叛军叫嚣着一起登上了睢阳城的城墙。张巡冲着京城长安的方向非常悲壮地说道："我们已经用尽了所有的力量，再也保不住睢阳城了。我没有能够活着将睢阳城守住，很好地报效国家，死了之后也将变成厉鬼，继续斩杀贼军。"

这一年10月，睢阳城最后还是陷落了，张巡与许远等人被叛军抓住了。叛军主帅尹子奇大力地对张巡进行劝说，想要让他投降，但是却遭到张巡相当严厉的斥责。尹子奇也因此大怒，命令士兵把张巡、雷万春以及南霁云等36人都全部斩杀了。而许远在被押送到洛阳的半路上也被杀死了。

局势分析

张巡与许远守卫睢阳城，其帐下的将士不足1万人，睢阳城中的老百姓也仅仅只有几万人，可是他们却面对着占据很大优势的叛军，在城内没有粮草、城外没有援军的极其艰难的情况下，仍然团结一致，万众一心地苦守着睢阳城这座孤城长达9个月左右之久，前后总共与叛军打了大小400多仗，共计歼灭12万敌军。很好地阻挡了叛军南进的步伐，使得江淮以及南方地区的安全得到了一定性的保障，对于朝廷最终平定安史之乱作出了相当大的贡献。他们的英勇事迹，不仅在那个时候产生了巨大的影响，而且对于后人维护国家的统一与安全起到了很大的激励作用，激励后人为了自己的祖国敢于前仆后继，奋斗不息。

说点局外事

张巡死了之后，没多久，他的事迹就沿着大运河、长江以及淮河一带传开了，豫皖江浙各地都抢着为他建庙立祠。后来，道教还将张巡尊为"保仪大夫"或者"保仪尊王"。从此之后，张巡就变成了消灾降福，惩罚邪恶，表扬善良，管理神兵的神灵。

安史之乱被平定之后，大唐王朝为了纪念张巡与许远，特意建立了"双庙"。后来又将南霁云、雷万春、贾贲三个人加入，改建成了"五王庙"。北宋时期，又增加了姚訚，将名字改为"协忠祠"。后来，黄河决堤，将祠堂冲毁了。明朝正德年间被重新建造，叫作"六忠祠"。1991年，又被迁到了商丘城的南门外，并且将其改称为"张巡祠"。

苏浙、港澳、闽粤、台湾以及新加坡等地，对于张巡极其尊崇，光是浙江桐庐就有9座张巡庙；福建省泉州安溪县人则将张巡看作是茶叶的保护神，将其称为尪公。据说，农历五月廿五日是"尪公诞"，有的地方的庙宇就会在这一天对张巡进行祭祀，举办"迎尪公"的仪式。

李光弼重挫叛军

我们都知道，在安史之乱爆发后，为了保卫国家，大唐王朝涌现出了一些令人敬佩的英雄。比如，张巡利用草人借箭，有效地阻挡了叛军的脚步；

后来，他又与许远血战睢阳，最后壮烈牺牲，真是可歌可泣。其实，还有一位英雄，也在平定安史之乱中做出了巨大的贡献。他的名字叫作李光弼。

李光弼老家在今天的辽宁省朝阳，是契丹族人。李光弼在公元756年初，被郭子仪推荐做了河东节度副使，参与了平定安史之乱。

公元757年春天，在大唐王朝平定安史之乱中，担任唐朝北都留守之职的李光弼率领军民坚守李家王朝的发源地太原，同时挫败了史思明等部的多次围攻。在安禄山遣兵攻入潼关之后，正把史思明围困在博陵的李光弼的部队撤出了包围向西进入井陉，也就是今天的河北石家庄市鹿泉区西南，后来回到了太原。

后来，史思明再一次攻占常山，夺回了河北全境。那个时候，李光弼所率领的精兵都已经调往朔方（今内蒙古乌拉特旗东），太原只剩下河北兵5000人，即便加上地方武装，也没有1万人。面临叛军的强大攻势，诸位将领都感到惶恐不安，主张修城自卫，李光弼却认为，太原城方圆达40里，在叛军将要到来之时动工修城池，这样就等于是没有见到敌人而首先使自己陷入了困境。

于是，他率领一众军民在城外挖掘壕沟，并做好了几十万个防御的土砖坯。一旦史思明的大军开始攻打太原，他就命令将士用土坯修固营垒，哪里损坏，就用土坯来补上。史思明曾经派人到山东去取攻城的器械，派遣番兵3000人进行护送，然而途中被李光弼的将士拦击，并将其全部歼灭。

因为史思明已经围攻太原好几个月了，仍然攻不下来，所以便挑选精锐士卒作为游兵，让他们去进攻城南地区，然后再转攻城西，同时他率领士兵去攻打城北，后来又转攻城东，尝试寻找唐军防守的漏洞。然而，李光弼治军严谨，警戒巡逻没有一丝一毫的懈怠，使史思明无机可乘。

与此同时，李光弼又派人挖掘一条地道，一直通到城外，当叛军在城外叫骂挑战的时候，他们经常不防备就被唐军拖入地道中，然后被拉到城墙上斩首，因而吓得叛军心惊肉跳，在走路的时候都只顾着低头看地。后来叛军又用云梯和筑土山来攻城，唐朝军队便事先在城下挖好地道，使他们靠近城墙就会塌陷。李光弼为了阻止叛军的强行攻城策略，还发明在城上安装大炮，以此来发射巨石，一发就可以击毙叛军 20 多人，继而使史军的士卒大多都死在飞石之下。虽然史思明军队被迫后退，但是围困情势却愈加严密了。

这个时候，李光弼为了打破叛军的围困局面，以诈降作为手段，与叛军相约出城来投降，但是暗地里派人挖掘一条地道直通叛军的军营之下，并用撑木支顶。到了约定的日子，李光弼派遣部将率领数千人出城假装向叛军投降。叛军不知道这其中有诈，正当调动出营的时候，突然营中的地下陷，死了几千余人，顿时叛军局势一片慌乱。唐军趁着这个难得的机会擂鼓，并且发起非常猛烈地进攻，一共歼灭 1 万多名叛军。

正当太原之战紧锣密鼓的进行时，安禄山被他的儿子安庆绪所杀。安庆绪夺取他父亲的帝位之后，命令史思明退回坚守范阳，只留下蔡希德等人继续围困太原。2 月的时候，李光弼率领部队大举出击，击破蔡希德的大军。

由于李光弼刚强坚决，用兵战术灵活，特别是以防御作战最为著名；又由于他治军纪律严谨，所率部队屡战屡胜，所以促使当时节度使兵败失城时，只有李光弼和王思礼两位节度使整军归还。李光弼曾经不顾皇帝的敕令斩杀了不服从军令的御史崔众、左厢兵马使张用济等人。李光弼在收复常山的战役过程中，释放了被囚困的百姓，军纪极为严明，因而受到民众的爱戴和敬服。

安庆绪即位之后继续攻打大唐。李光弼觉得洛阳城太难守卫，于是便移军到洛阳以北的黄河北岸的河阳。史思明占领洛阳后又怕李光弼攻击他的侧后方，又退回到洛阳东面的白马寺里，与李光弼进行隔河对峙。史思明有1000 多匹良马，每天都会赶到黄河里去洗澡。于是，聪明的李光弼找来了500 匹母马，并且将马驹全部留在城里，然后将这些母马赶到黄河边。母马因为见不着马驹而长嘶不已。南岸史思明的马全部都是公马，在听到母马的嘶鸣后，全部跑到黄河的北岸，进而全被唐军所擒获。

在一天的早晨，叛将周挚率领大军进攻河阳的北城。李光弼登城观察之后对诸位将领说："敌军虽然人数众多，但是阵形比较乱，所以不到中午就可以被攻破。"随后分别派了任务并且规定诸位将领要严格按照令旗的动作来行动，如果旗缓，就可以机动行事；如果急摇动旗三次，就要马上拼死杀敌。

交战没有多长时间，李光弼看见叛军气势稍微有所松懈，就下令立即挥动旗三次，诸位将领就同时喊杀着冲锋向前。叛军无力抵挡其攻势，便四散溃败。期间叛军被俘虏并且被斩杀达 1500 多人，另外，还有 1000 多人被淹死。之后李光弼在和叛军交战中总是屡屡获胜。由于李光弼在河阳牵制住了叛军的主力，使他们不敢再西进，从而确保了长安的安全。公元 760 年 11 月，李光弼又乘胜收复了怀州（相当于今天的河南焦作市、沁阳市、武陟县等地）。第二年，因为唐肃宗轻信了鱼朝恩的谗言，催促李光弼立即进攻洛阳。李光弼上奏说："敌人攻势尚且尖锐，不可贸然出击。"但是唐肃宗李亨根本听不进去。

于是，李光弼在被逼无奈的情况下进攻洛阳，但是在洛阳北面的邙山失利战败，只能退而保闻喜（从 581～816 年，由绛州刺史李宪于秦汉左邑县城旧址创闻喜新城）。这个时候，在河阳黄河两岸的僵持局面发生变化，长安已经极其危险。经过邙山战败以后，李光弼请求处分。但是，唐肃宗李亨并没有多加怪罪，并且命令他担任太尉兼河南副元帅，统领河南等五道行营节度使的权力，镇守临淮。

公元 762 年，史朝义进攻河南，围困了宋州（今河南省商丘市）。诸将因为寡不敌众劝告李光弼退却保扬州。他却说："朝廷全部倚仗我，如果我再退缩的话，朝廷还能有什么希望？"于是坚决进驻徐州，向史朝义发起进攻，迫使史朝义解除宋州的围困局面。他再一次因为战功而被晋封为临淮王。唐代宗李豫继承王位之后，就册封雍王李适为天下兵马元帅。史朝义的 90 万大军被唐朝的军队围困在洛阳，并且最终被打败。公元 763 年 1 月，史朝义在走投无路的情况下自杀身亡，历时 8 年的安史之乱终于被平定了。

李光弼在平定安史之乱中立下了不朽功勋。然而，正因为这样才遭到了宦官鱼朝恩与程元振的嫉妒与陷害。公元 763 年初，吐蕃趁着唐朝空虚没有准备的时候攻进了关中，并且将长安占领。唐代宗李豫逃到了陕州，也就是今天的河南三门峡市，在匆忙之中将李光弼召来，并且命令他前往陕州行在。可是，李光弼非常清晰地看到了朝廷之中宦官专权的情况，担心自己会遭到鱼朝恩等人的陷害，所以一直拖延着，没有去。最后，还是郭子仪出马，率兵将吐蕃打败，唐代宗李豫这才重返了长安。在这个时候，唐代宗李豫任命李光弼为东都留守，而李光弼再一次找理由推辞，率领部队回到徐州去收租赋了。唐代宗李豫再一次诏李光弼入朝，李光弼担心宦官鱼朝恩、程元振等人会对其不利，就没有去长安朝见唐代宗李豫。公元764年7月，李光弼在徐州因病去世，享年57岁。

局势分析

李光弼是唐朝杰出的军事家，与著名将领郭子仪一样先后担任朔方节度使、天下兵马副元帅等职务。在平定安史之乱的过程中，李光弼自始至终都参与其中，指挥大军与叛军对阵，是唐朝军队的主将。李光弼利用自己的聪明才智，想出了各种各样的妙计来对付叛军，歼灭叛军的有生力量，为平定安史之乱立下了不朽的功勋。《新唐书》中对李光弼进行称赞，说在平定叛乱的过程中，李光弼的"战功推为中兴第一"。而部分有权威的历史学家对李光弼的评论为："自艰难以来，唯光弼行军治戎，沉毅有筹略，将帅第一。"总而言之，李光弼是中唐时期不可多得的将才，为保卫大唐王朝的安定与发展作出了巨大的贡献。

说点局外事

李光弼从小就不像其他的小孩子那样喜欢嬉闹玩耍，他性格刚毅，不喜欢言笑，从少年时期开始，就对骑射十分精通。李光弼的父亲死了之后，他就承袭了父亲封爵，在担任河西节度使之职的王忠嗣帐下做府兵马使，充赤水军使。王忠嗣是一个善于识别人才的伯乐。他一直很看好李光弼，经常对别人说："以后能够代替我统兵的人，肯定是李光弼这小子。"

因为李光弼在与吐蕃、吐谷浑对阵的时候多次立下战功，所以被唐朝廷册封为云麾将军。那个时候，担任朔方节度使之职的安思顺举荐李光弼做了副使，主要负责所有军备后勤事务的管理工作。因为李光弼长相出众，为人光明磊落，安思顺就想招他做自己的女婿。但是，李光弼并没有答应这门婚

事，而是以自己有病作为借口给推掉了。

由此我们可以看出，李光弼在刚刚出道的时候就有深谋大略，不愿意让自己陷入那些权臣大将的非常复杂的关系网里。李光弼非常清楚，只有这样才能够一门心思地为朝廷尽忠，不被私人的利诱恩惠所左右。

郭子仪力挽狂澜

我们都知道，郭子仪是唐朝著名的将领，一生戎马，曾经数次力挽狂澜，拯救唐朝的危局。郭子仪虽然战功赫赫，但是他从来都没有居功自傲，反而忠心爱国、待人友善，因此，他在朝中的威望极高，历史上称他为"权倾天下而朝不忌，功盖一代而主不疑"。

公元755年爆发了著名的安史之乱，安禄山率兵攻打大唐，20万大军浩浩荡荡从范阳进发，直抵中原；攻下洛阳，兵至潼关，把唐玄宗李隆基逼上了逃亡蜀地的道路。正在大唐江山风雨飘摇的时候，出了一位力挽狂澜的大将军，奋力顶住了安禄山叛军的猛烈攻势，并且收复了一片片被霸占的国土。在收复长安的战争打响前，唐肃宗无限期望地对他说："唐朝能否回到以前，关键在此一战了。"他信心满满地表示："这场战役打不赢，臣绝不活着回来"他就是平定安史之乱的大将郭子仪。

在安史之乱被平定后，郭子仪很想功成身退，和家人去过平静而祥和的生活。然而，郭子仪注定一生要为唐朝奔波，退隐不久，长安又一次遇到了叛将和异族的严重威胁。于是，退敌护唐的重任又一次放在了年事已高的郭子仪肩上。

代宗李豫原名叫李俶，当初从他父亲肃宗手上接过的大唐江山就已经是由盛世转为衰败的时候。从人口方面来说，就已充分说明问题了。在天宝年间，唐朝共有906万户，然而到公元764年，就仅剩290万多户，竟然减少了2/3。

然而，祸不单行，公元763年，由吐谷浑、吐蕃、党项、羌、氐等少数民族组成的20万大军，开始进攻唐朝的大震关也就是今天陕西陇县以西，边关岌岌可危，但是身为皇帝的代宗却被内侍监程元振蒙在鼓里。

各族大军势如破竹地攻入了大震关，接着继续深入大唐内地，在这个关键时刻，泾州的刺史高晖居然投降了吐蕃，为叛军做向导，这更加速了联军的进攻速度——叛军一路直捣黄龙，直逼京都长安。

当代宗皇帝听到这个消息时，各族大军早已深入大唐腹地，然而这个时候，想要找一位能带兵打仗的强将都找不出来，那位战功赫赫的将领郭子仪早被太监鱼朝恩和程元振进谗言而解甲归田。在这岌岌可危的时候，所有人都想起了郭子仪，于是代宗下旨任命他为副元帅组织军队抵抗，同时下令各镇节度使到京师救驾。

然而各镇节度使接到命令后，都迟迟不出发，因为太监程元振曾设计害死过淮西节度使，他们害怕入京以后同样也会受到程元振的暗害。

当各族联军逼近长安时，代宗皇帝为了保命早已逃离，因而侵略军攻入长安后找了一名叫李承的人，把他立为名义上的傀儡皇帝，以备他们长期占据中原。

当老将郭子仪接到圣旨的时候，没有一兵一马可供他调遣，然而他没有轻言放弃，而是积极去召集自己曾经带领的将士，他先是找了 20 多名以前的部下，后又让这 20 多人到各处去招兵买马。各州县官府失利的军队听说郭子仪要复出带兵抗敌，他们纷纷都感觉有了主心骨，便大老远赶来与郭子仪一起抗敌。就这样，在很短的时间里，郭子仪便组织了一支抗敌大军。

可笑的是，郭子仪还没有带兵出战，以吐蕃为首领的各族联军，听说郭子仪要带兵攻打他们，吓得连长安也不要了，就屁滚尿流地退回青海去了。

经过这次长安之危，人们认识到了郭子仪的名声和威望，于是，皇帝和大臣们更加重视郭子仪。

在公元 764 年，大将军仆固怀恩因为对朝廷充满愤恨，为了报复大唐而勾结吐蕃、回纥联军再次进攻唐朝。代宗理所当然地又派老将郭子仪出马，带兵平定叛军。

郭子仪亲自率军驻扎在泾阳，但带领的军队仅有 1 万人，而联军却有比他高出十倍的人马。吐蕃与回纥两个部落联军分别驻扎两座大营，将泾阳城

团团包围。

郭子仪知道，凭借这区区 1 万人去和 10 万人斗，那结果即使不是全军覆没，也无取胜把握，因此他认为应对敌军晓之以理，动之以情，劝他们自动退兵。于是，他就派牙将李光瓒到回纥营中，对回纥大帅药葛罗说："我家将军郭令公派我来跟大帅说，希望不要忘记当年共同作战的情谊，还是早日退兵为好。"药葛罗大帅听后则冷笑着说："郭元帅很早就辞世了，你以为我是傻子吗？别想骗我！"李光瓒信誓旦旦地说："我向天盟誓，郭令公仍然健在，是决不会骗你的。"药葛罗还是疑惑，说："如果你们郭元帅还健在，我能跟他见一面吗？""这个……"李光瓒不知该如何应对，于是就说回去请示后再来答复。

李光瓒回营后，把事实原原本本告诉了郭子仪，郭子仪立即召集将领们商议应对的策略，他说："现在我们和敌人力量相差太大，如果硬碰硬肯定吃亏。凭我当年与回纥的旧情，不妨去见见药葛罗。如果能说服回纥退兵，只剩下吐蕃也就容易对付了。"

诸将也想不出更好的办法了，于是建议郭子仪带领 500 骑兵跟随保护他，郭子仪坚决不同意，说："敌人有 10 万大军，如果想取我性命，500 骑兵又管什么用？所以我带几名随从就足够了。"

郭子仪穿上戎装上了马，正准备出城，他担任兵马使的儿子郭晞听说事情以后赶来死死拽住马缰绳劝告道："爹爹，回纥狼子野心，您身为国家元帅，怎么能孤身独闯险境呢？"郭子仪骑在马背上，义正言辞地说："如果我们两军交战，那最大的可能是我们父子俩都将战死。我们死不足惜，可是，在我们身后就是京都长安，如果失败，国家也就面临危险了。我去见一下药葛罗，晓之以理，或许这是唯一能转危为安的方法。真能成功那也就是天下百姓的福气。"郭晞无法说服父亲，只得眼巴巴看着父亲带着五名骑兵，向回纥军营走去。

郭子仪威风凛凛地骑着马进入回纥大营，哨兵都认为他是普通的送信使者，都没有搭理他。这时，郭子仪身边一名随从大声叫道："大唐元帅郭子仪来啦！还不快出来迎接！"哨兵听到这句话，连忙去报告主帅。

大帅药葛罗本来拿着弓箭，带领所有酋长们骑马在营前排队等候，可是看见唐军只是来了六个人，于是下了马，扔掉手中的兵器，徒步向郭子仪走来，那个为首的白发银须的人，就是已经69岁高龄的老将郭子仪。

药葛罗一眼就认出大将郭子仪，非常惊喜地对身后众将军说："真的是郭元帅来啦！"于是带头跃下马对着郭子仪叩拜。

郭子仪拉着药葛罗的手，首先是问候了回纥可汗叶护，然后厉声指责道："回纥以前对大唐有功劳，大唐与回纥相亲相爱。但是现在你们怎么能背弃盟约进攻大唐呢？帮助叛臣背离自己的恩人，实在不是一个有情有义的民族应做的事。我现在只身而来，随便你们处置……"

药葛罗也感觉不好意思了，赶忙解释说："其实都怪仆固怀恩欺骗我，他说当今唐朝皇帝已经病逝，您也被恶人害死，我才和他一起来。现在既然我知道皇上还在长安，又亲眼看到令公，才知道自己上了当。现在，仆固怀恩已经病死，也算是得到了天诛。我怎么能再和您交战呢？"

郭子仪听完这些话后，心里暗暗高兴，觉得劝说回纥退兵有希望，便又继续说："吐蕃不顾前朝结亲的情谊，在大唐边境侵吞土地，杀人放火。现在他们从唐朝抢走的财物用好几辆车都装不下，抢去的牛羊到处都是。如果你们能帮助打退吐蕃，那这些财产、牛羊就全给你们了，希望你们不要错过这个机会。"

药葛罗非常高兴地答应，说："我曾经蒙受仆固怀恩的骗，已经觉得很对不住令公。今天我一定全力协助令公击退吐蕃来表示歉意。"

当时，药葛罗就让部下拿出酒，手下众将陪着郭子仪畅饮。郭子仪喝了几杯酒以后，指天发誓："……如果有背弃约定者，在阵前丧命，整个家族灭绝！"药葛罗也重复了一遍郭子仪刚才说过的誓言，于是在场众人兴高采烈，气氛热烈而友好。药葛罗马上就决定，要派酋长石野那等6位使者到长安觐见代宗皇帝，以示和好之意。

当吐蕃统帅听到回纥与唐军和好，并且要共同对付他们的消息，就急忙连夜退兵。就这样，郭子仪仅凭自己的一张嘴，竟然让10万大军退却。

然而郭子仪并没有就此满足，而是命令大将白元光率领骑兵联合回纥药葛罗大军紧追吐蕃军，一直追到灵台西原地区，展开一场激战，一共歼灭吐蕃军队1万余人。总共夺回吐蕃掠去唐朝的4000名子女，接着又与吐蕃在泾州打了一仗，吐蕃又一次失败，彻底退到边境以外。

公元781年6月14日，郭子仪离开了人世，享年85岁。据说，唐德宗皇帝相当伤心，居然连续5天暂停朝务，并且还专门颁布诏书赞扬郭子仪。按照那个时候的规制，一品官员的坟墓仅仅只能有约267厘米的高度，然而，唐德宗却特意恩准让郭子仪的坟墓加高到334厘米，以此来表达其内心的哀痛之情。朝廷上下的文武百官依次来到郭子仪的府上吊唁问候。相传，唐德宗还亲自来到了安福门，并且大声地为郭子仪痛哭。由此可见，郭子仪的一生也算上是荣耀至尊了。

局势分析

安史之乱发生之后，大唐王朝岌岌可危，甚至可以说到了生死存亡的时刻。倘若这场叛乱不能被平定，那么大唐王朝极有可能会从此退出历史的舞台。在这异常关键的时刻，唐朝著名将领郭子仪站了出来，他率领大军横扫叛军，收复失地，最终挽救了唐王朝的败局。然而，大唐王朝并没有因此安定下来，没多久，又有叛军联合异族来犯，再加上内有奸臣作祟，唐朝又陷入了困境当中。这个时候，还是大将郭子仪力挽狂澜，拯救了大唐王朝。郭子仪为大唐王朝的安定与发展，做出了巨大的贡献，是大唐王朝不可多得的一根顶梁柱！

说点局外事

众所周知，有一个名字叫作《打金枝》的戏非常有名。它十分真实地将郭子仪家无比兴盛的场面反映了出来。这戏的大致内容是这样的：在唐朝名将郭子仪过70大寿的时候，郭家的人都早早地来为郭子仪拜寿，然而，他的六儿子郭暧的媳妇——升平公主却迟迟没有到来。郭暧为此相当生气，忍不住将这个来自皇家的金枝玉叶打了，而且还非常大声地对其教训道："你依仗着自己的父亲是皇帝，居然不来给爹爹拜寿，我的父亲大人都不想做这个皇帝呢！"郭子仪知道儿子郭暧将"金枝"打了，认为这是严重有损皇家威严的行为，因此，他赶紧带着儿子郭暧亲自前往皇宫，向皇帝求情。这个时候，皇帝还是比较通情达理的。皇帝在了解了事情的整个过程之后，对郭子仪说道："这件事情只不过是儿女闺房的吵架戏言，不需要这么当真的。老将军啊，你就假装自己没有听见算了。"之后，郭子仪在感谢完皇恩之后，就带着儿子郭暧回家了，并且在家中狠狠地打了儿子郭暧一顿。没过多长时间，郭暧与升平公主夫妻二人又恩爱如初了。

李愬夜晚突袭蔡州

在平定安史之乱的过程中，唐朝逐渐地形成了"藩镇割据"的局面。唐代宗的儿子李适，即唐德宗也曾大力削藩，但却以失败告终。等到唐宪宗即位时，藩镇割据的局面已经相当严重了。不少节度使都称霸一方，不听从朝廷管辖，俨然成了国中之国。他们时常烧杀抢掠，严重威胁着东都洛阳和江、淮地区的安危。唐王朝也曾多次对淮西用兵，但成效均不佳。这时，一个名叫李愬的英雄出现了。他被任命为唐、随、邓三州节度使，参加了征讨淮西的战争，负责西线战事，最终取得伟大的胜利。

李愬是将门之子，其父李晟是唐德宗时期的大将。他不仅精通骑射，而且胸怀万千韬略。但由于他在朝廷未曾担任过要职，因此，不少人都不了解他。当他来到唐州上任时，正赶上官军刚吃了败仗，士气比较低落，军心十分涣散，都不敢再与淮西军作战。因此，李愬故意对迎接他的官兵们说："陛下清楚我胆小怕事，可以忍受屈辱，因此才将我派来对你们进行抚慰的。至于带兵打仗，不在我的职责范围内。"

众将士都信以为真，军心这也稍稍安定了下来。淮西节度使吴元济听到这些话后，果真认为李愬是一个懦弱胆怯、不敢上阵杀敌之人。再加上李愬之前的官职很小，没什么名气，因此根本没有将他放在心上。吴元济将淮西军的主力部队、蔡州守军以及自己的亲兵全部调到了北线，交给了大将董重质指挥，以便抵挡唐军将领李光颜攻击，所以，蔡州的防守变得非常空虚。

李愬上任之后，看似在治军上十分宽松，实则是有意向敌军示弱。他与将士们同甘共苦，常常到军营中视察与慰问，亲自给那些受伤生病的战士端汤送药。将士们看到主帅如此关心自己，都非常感动，军心慢慢地振作起来了，士气也随之恢复了。

李愬首先向朝廷要了2000精兵，以便加强军力。其次，他还招募了3000人，成立了敢死队，取名为"突将"，日夜进行操练。与此同时，为了将敌军分化瓦解，他还对俘虏十分优待，对降将加以起用。公元817年2月间，李愬的部将将淮西勇将丁士良擒获。李愬不仅没有将其斩杀，而且还让他成为了"捉生将"（类似于特种侦察兵，主要负责捉拿对方有生力量）。为了对李愬进行报答，丁士良献计献策将文成栅军师陈光洽活捉，并且迫使其主将吴秀琳所率领的3000兵马归降。文成栅为蔡州（今河南汝南县）西方一个非常重要的据点，后来，李愬就是从此处出发向蔡州发动奇袭的。

李愬真诚地对待吴秀琳，并将他视为亲信将领。吴秀琳被感动了，为李愬献计道："您若想打败吴元济，一定要得到李祐。"李祐是淮西有名的骑兵将领，胆略过人。李愬用计活捉了李祐，亲自为其松绑，让他做了"六院兵马使"，管理自己的3000精锐亲兵，并且常常与他研究、商量夺取蔡州的方法。

李愬如此优待俘虏的消息传到淮西军民那里之后，很多淮西军民都纷纷前来归降。李愬非常亲切地抚慰了他们，并且在生活上给予他们非常妥善地安排。只要是从淮西归降的官兵，李愬都会亲自接见，并且非常详细地了解他们各个方面的情况，以便为向蔡州发动袭击做准备。

为了使蔡州孤立，李愬还扫除了蔡州外围以南、以西的部分据点。为了将敌军迷惑，他还使用了声东击西的谋略。他先派兵向蔡州西南的郎山，也就是现在的河南确山发起进攻，故意打了个败仗。士兵们都十分不服气，李愬解释说道："这是我的一个计谋，是为了将敌人麻痹。"后来，他又率兵北上，进攻蔡州西北方向的吴房，也就是现在的河南遂平县，并且占领了吴房外城，斩杀了1名淮西将领，1000多名士兵。李愬的部下建议趁着胜利的机会将吴房拿下，但李愬却说道："这并非我的目的，不妨留着它，可以对更多的敌军进行牵制。"于是，李愬就率兵撤退了。

同年8月，唐王朝征讨淮西的战争到了最为关键的时候，唐宪宗任命裴度宰相作为统兵元帅，到前线对平定淮西的战事统一进行指挥。

这个时候，降将李祐为李愬献了一个非常大胆的建议——趁着蔡州空虚的时候，派遣精锐部队直接将淮西老巢端了，将吴元济抓获。对于这个出奇制胜的绝妙高招，李愬表示赞同。于是，他就与李祐一起制定了作战计划，并且派人送到了裴度那里。裴度对这个策略也很赞同，所以马上批准了该方案。

同年10月10日晚上，北风呼呼地刮着，雪花纷纷地飘着。李愬觉得如此恶劣的气候，敌军很容易放松警戒，这对于奇袭很有利。于是，李愬就命令李祐带3000名敢死队员作为先锋，自己带3000兵马作为中军，另外一位将领田进诚带3000人殿后，马上从文成栅出发。命令颁布之后，很多将士都对此行的目的与任务不清楚，纷纷询问目的地在哪儿，李愬只是回答："向东前进！"

李愬的部队冒着寒风与雪花急行了60里，天亮的时候，到达了与蔡州相距不是很远的张柴村，并且全歼了在那里守卫的淮西军以及负责点烽火的兵卒。李愬命令将士们稍作休整，然后让500名将士在张柴村留守，大部队又连夜出发，继续向东前进了。将士们又询问目的地。李愬这才回答："前往蔡州城，擒获吴元济！"将士们听后很吃惊，但又不敢不听军令，不得不硬着头皮继续前进。

到了半夜的时候，雪下得更大了，李愬部终于来到了蔡州外。蔡州城外有一个池塘，是用来饲养鹅鸭的。李愬为了迷惑敌军，就让部分将士把鹅鸭赶得呱呱直叫，以此对将士们的行军声音进行掩盖。

淮西从吴少诚不听从朝廷的命令以来，官军已经有30多年没有来过蔡州城了，因此，敌军没有丝毫的防备。到了四更天的时候，李愬部来到了蔡州城下，敌军竟然都没有觉察到。李祐等将领在城墙上面挖了一条土坎，率先登上了城墙，敢死队也随后跟了上去。他们将当时正在睡梦中的所有守城士兵都斩杀了，仅仅将更夫留下，让其继续打更。然后，他们将城门打开，大队人马进入了城中。

到黎明时分，大雪停了，李愬带兵已经攻进了吴元济的外宅，惊醒了吴元济的亲兵。吴元济的亲兵急忙向主帅报告："官军来了！"躺在被窝里的吴元济笑着说道："肯定是俘虏与囚犯在偷东西呢！等到天亮了全部杀掉！"片刻之后，又有人跑来报告："蔡州城已经陷落了！"吴元济却说："这肯定是前线的将士在向我讨寒衣呢。"他穿上衣服，来到大厅中，突然听到李愬正在传达命令，大约有上万人给予响应。这个时候，他才真正害怕起来，急忙带着亲兵，登上牙城进行抗击。

李愬让田进诚去向牙城发起进攻，将牙城的外门捣毁了，将军械库打开，将里面所有的兵甲器械都收缴了。天亮之后，官军放了一把火，对南门进行焚烧。下午3点，城门被烧坏了，官军冲到了内城。吴元济看到自己大势已去，不得不投降。第三天，李愬下令将吴元济押入囚车，然后送到京城报捷。

淮西的大将董重质还带着1万多名精兵在洄曲（今河南漯河市裴城村）屯驻。李愬想要将他争取过来，就亲自来到董家，对其家属进行抚慰，并让其子带着书信去劝说他归降朝廷。董重质看完李愬的劝降信之后，就单骑到蔡州来归降，他的部下则向北路唐朝的将领李光颜归降。没多久，申州、光州等地的2万多淮西军，也都相继归降了唐朝。

这一年11月，吴元济被押送到了京师，唐宪宗专门举行了十分隆重的献俘仪式。吴元济先被游街示众，然后在长安的独柳树下被斩杀了。这样一来，为害30多年的淮西割据政权被彻彻底底地消灭了。

局势分析

作为唐朝著名将领，李愬不仅对将士们关爱有加，而且还能够与将士们同甘共苦，从而赢得了将士们的认可与拥戴；李愬在对待俘兵降将上，能够做到宽厚仁慈、以诚相待，彻底地收服了他们，使之尽心为己方效力；与此同时，李愬足智多谋，与吴秀琳等共同制定了奇袭蔡州的计划，最终端了吴元济的老巢，平定了淮西。

平定淮西具有极其重大的意义，它不仅表明唐宪宗削藩的决心，而且还使朝廷的威望得到了极大地提高，同时还对其他处在观望中的藩镇起到了强烈的震慑作用。通过数年的努力，唐宪宗削藩最后获得了胜利，大唐王朝再一次恢复了相对比较统一的局面。

说点局外事

在唐朝后期，唐宪宗可以算得上是有作为的皇帝。他在位的时候，勤政爱民，认真对历史经验教训进行总结，向前代的明君进行学习，使宦官势力得到抑制，对江、淮财赋进行整顿，使财政收入得以增加。与此同时，他还任用李吉甫、裴度等人作为宰相，并对其进行重用，充分地利用藩镇之间的矛盾，相继将剑南西川节度使刘辟，镇海节度使李锜，夏、绥节度使杨惠琳以及淄青节度使李师道等藩镇的叛乱摆平了，逼着魏博、成德、卢龙以及沧景等强藩，归降了朝廷，暂时使藩镇跋扈的局面结束了。由于在元和（806~820年，宪宗年号）削藩方面取得了伟大的成就，使中央政府的权威得以重振，历史上称此为"元和中兴"。

第五章　唐朝走向衰败

　　唐朝后期，藩镇割据、朋党之争、宦官专权相互交织在一起，导致唐朝的统治也变得越发黑暗起来，进而致使其最后彻彻底底地走向了衰败。唐宪宗被宦官杀死，"河朔三镇"先后叛乱，唐朝再一次陷入了藩镇林立的混乱局面。与此同时，农民起义也沉重地打击了唐王朝的统治，加速了其灭亡。公元907年，朱温灭掉唐朝，建立了后梁，历史又进入了一个全新的单元。

科举考试起党争

　　在唐朝后期，朝廷大臣不仅分派，而且还相互斗争。其中，牛党以牛僧孺、李宗闵为首，而李党则以李德裕为首，因此，历史上将他们之间的争斗称为"牛李党争"。这次的派系斗争从开始酝酿到最终结束，大约经历了40多年，是中国封建历史上一次非常著名的朋党之争。

　　公元808年4月，唐宪宗负责主持科考里的制举策试"贤良方正直言极谏科"，考题要求考生针对那个时候亟待解决的政治、经济以及文化等方面的一些问题提出自己的建议与对策，参加考试的牛僧孺、皇甫湜、李宗闵在进行对策时，慷慨激昂，毫无顾忌地直指时政的得失。主考官杨於陵、韦贯之非常欣赏他们的表现，就将他们列入了上等，打算将其同时录取。唐宪宗看了之后，也是赞赏有加，让中书省优先录用他们。

　　那个时候，李德裕的父亲李吉甫为当朝宰相，不赞同他们的对策，觉得他们的指责与讽刺是针对自己的，所以李吉甫到唐宪宗面前哭诉，并声称考试中有舞弊的现象，因为覆试官王涯是考生皇甫湜的舅舅，并且王涯和另一位覆试官裴垍又都是翰林学士。李吉甫正接受重任，负责削藩事务，唐宪宗被迫把韦贯之贬为果州（今四川南充东北）刺史，杨於陵被外放做了岭南节度使，王涯与裴垍的翰林学士之职被罢免。牛僧孺等人也因为这次事件很长时间不能升迁，辗转在各藩镇幕府做了 7~8 年的幕僚，直至李吉甫死后才入朝为官。

此事在历史上被称为"元和对策案"。实际上，这就是那个时候以裴垍与李吉甫作为代表的两派政治势力之间的首次较量，由此也拉开了牛李党之争的序幕。其实，元和对策案只是让以牛僧孺与李德裕为首两派结怨，真正的党争通常被认为是从"长庆科考案"开始的。

公元 820 年，宦官陈弘志等人将唐宪宗杀死，太子李恒登基为帝，史称唐穆宗，第二年，将年号改为长庆。公元 821 年 3 月，朝廷再一次举行科考。礼部侍郎钱徽与担任右补阙之职的杨汝士为主考官。宰相段文昌因为在考前收了考生杨浑之的贿赂，不仅当面嘱托钱徽，而且还专门写了一封推荐信。担任翰林学士之职的李绅也将自己喜欢的考生周汉宾推荐给了钱徽。

然而，到了放榜的时候，他们推荐的考生没有一个人上榜，而宰相裴度的儿子裴馔、李宗闵的女婿苏巢以及杨汝士的弟弟杨殷士等其他大臣的子弟都高中了。段文昌非常生气，就觉得钱徽选举有虚，告发了他。唐穆宗向担任翰林学士之职的李德裕、元稹与李绅征求意见，他们三人也都同意段文昌的看法。于是，唐穆宗命令担任中书舍人之职的王起，主客郎中、知制诰白居易对于中举的人进行复试。而这次复试的题目是由唐穆宗拟定的。这题目的本身不是很难，但结果却是除了其中 4 个人勉强通过之外，其余 10 多个人都落选了。当结果公布之后，舆论哗然，钱徽、李宗闵以及杨汝士等人全部被贬出了朝廷，而宰相段文昌没多久也出镇西川，大多数涉及本案的官员都被处理了，这就是历史上有名的"长庆科考案"，被公认为牛李党争的开始。

尽管早在公元 814 年，李德裕的父亲李吉甫已经因病去世，但由于李宗闵、牛僧孺等人曾经在"元和对策案"中对李吉甫进行攻击，而此次涉案的段文昌又和李吉甫的交情不错，却与元和对策案的主考官韦贯之有很深的仇

怨；再加上在长庆科考案当中李德裕、元稹和涉案的李绅都是翰林学士，并且这三个人的志趣相投，有着不错的交情，因此，李德裕很自然地就会倾向于段文昌与李绅。此后，牛僧孺和李德裕各自结交党羽，相互排挤，相互斗争，长达40多年。

在不同的时期，牛党与李党的成员都有所变化。大体来讲，牛僧孺、李宗闵、李逢吉、杨嗣复、李珏、李固言、杨虞卿、白敏中等为牛党的主要人员；而李德裕、李绅、元稹、郑覃、陈夷行、李回等为李党的主要人员。

公元822年6月，李逢吉趁着元稹和裴度争权的机会，教人对元稹进行诬告，结果元稹和裴度两个人的宰相之职同时被罢免了，由李逢吉担任宰相。那个时候，李德裕和牛僧孺任宰相的呼声也非常高，可是李逢吉却在公元823年3月推荐牛僧孺担任宰相之职，对李德裕加以排斥，使之做了浙西观察使，导致其在之后8年的时间中都没有得到升迁。没多久，李绅也因为受到排挤出了朝廷。所以，牛党与李党之间的结怨就更深了。

到了唐文宗时期，两党之间的斗争是最激烈的。先是公元829年，裴度将李德裕调入朝廷做兵部侍郎，接着，又打算举荐他做宰相。李宗闵由于得到宦官的帮助，抢先做了宰相，让李德裕做了山南东道节度使，后来又任命为西川节度使。公元830年，李宗闵推荐牛僧孺担任宰相之职，两个人一唱一和，只要是李德裕的同党都会被排挤。公元831年9月，吐蕃占领下的维州提出归降唐朝的请求，李德裕表示接受，但是在朝中的牛僧孺对此坚决反对，结果维州再次被吐蕃占领，致使那里的百姓生活在水深火热中。所以，李德裕对牛僧孺的怨恨就更深了。

唐文宗在弄清楚维州事件真相之后，牛僧孺由于对该事件处理不当，在被迫的情况下辞去了宰相之职。公元832年年底，牛僧孺被外放，做了淮南节度使，而李德裕则被任命为兵部尚书。公元833年2月，李德裕终于如愿成了宰相，并且向唐文宗告发了李宗闵、杨虞卿、杨汝士以及杨汉公兄弟等人勾结起来，控制科举，为人求官的恶行。结果，李宗闵的宰相之职被罢免，成了山南西道节度使，其他人也都被从朝廷贬了出去。

这个时候，与李逢吉有着不错交情的李训、郑注和宦官王守澄勾结在一起，其势力慢慢地壮大起来。他们都对李德裕很不满，为了与之对抗，在公元834年10月，征调李宗闵进入朝廷做宰相。随后，李德裕被从朝廷排挤了出去，担任镇海节度使。没多久，李宗闵也由于开罪于李训、郑注而被贬到了明州做刺史。那个时候，李德裕和李宗闵各自结交党羽，相互斗争，弄得唐文宗很头疼。为此，唐文宗时常感叹："将河北藩镇消灭很容易，将朝中朋党消除太难啦！"因此，唐文宗起用了王涯、舒元舆以及李训等没有党派的新进士作为宰相，而把牛党与李党的人都贬出了朝廷。

公元835年，发生了甘露之变，宦官斩杀了李训、郑注等人。李党的郑覃、陈夷行与牛党的杨嗣复、李固言、李珏等人相继担任宰相之职，每次商量朝政的时候，由于党争之见，双方经常争论不休，而不能全神贯注地将面临的各种问题解决掉。

唐武宗时期，李德裕任宰相，陈夷行、李绅以及李回等也都得到重用。牛党人物，比如，李宗闵、牛僧孺以及李珏等人都被贬逐，李宗闵最终死在了贬所中。那时，李党的势力发展到了最强盛的时期。

唐宣宗时期，白敏中做了宰相，牛党再一次得势。李党则全部都被排挤出了朝廷，李德裕被贬死在了崖州。尽管牛僧孺回到了朝廷，但是没多久因病去世了。就这样，在唐宣宗之后，牛李党争才停了下来。

局势分析

牛李党之争主要属于统治阶级内部为了争权夺利而进行的斗争。纵观党争的整个过程，牛、李两党相互排挤的主要原因就在于个人恩怨与权力之争。

牛、李两党相互争斗，他们各自对不少政治问题秉持相互对立的意见，比如，在选拔官员的途径上，通常，李党重视门第，而牛党重视科举。李党的郑覃提倡将进士科废除，李德裕对进士的浮华不实十分厌恶，主张朝廷应该让公卿子弟来担任重要的职位；而牛党则竭尽全力地对科举制度进行维护，注意对进士进行拉拢，积极主动地为举人奔走求职，以便壮大自己的势力。

又比如，在如何对待藩镇割据的问题上，李党认为对藩镇进行摧抑，重新振兴朝纲；而牛党则提倡"姑息妥协、息事宁人"的观点。李吉甫与李德裕在元和、会昌年间先后做宰相的时候，都十分积极主动地推动削藩平叛的战争，并且获得了一些成绩；而牛党则对于朝廷的削藩措施多采取消极或者阻挠的态度。因此说，牛李党争使得唐朝后期的政局变得更为混乱，牛李两党在相互排斥、相互斗争的过程中，都与宦官勾结在一起，让宦官作为其后台，这样一来，就使得大唐王朝后期的政治变得更加腐败了。

说点局外事

公元831年，卢龙爆发军乱，杨志诚将节度使李载义驱逐。唐文宗就此事询问牛僧孺该怎么处理的时候，牛僧孺回答："自从安史之乱以来，范阳就已经不归属朝廷了，不需要再为它操心了，不管是杨志诚，还是李载义占领范阳，都没有任何差别，不需要与他们进行计较。"

另外，唐文宗在询问牛僧孺怎样才能够让天下太平的时候，牛僧孺回答道："现在，尽管还不能够说是达到了大治的局面，也可以算得上是'小康'水平。倘若陛下还想要另外谋求所谓的'太平'，我们这些大臣是做不到的。"

换句话说，牛党认为，藩镇割据属于一种正常的现象，根本不需要去理会它。可见，其政治观点是不正确的。

甘露之变，朝臣被杀

话说27岁的唐文宗不甘被宦官控制，就与李训、郑注等人一起策划诛杀宦官，夺回皇权，但却以失败告终。李训、王涯等重要朝臣被杀，唐文宗随之陷入更被动的处境。这就是历史上的"甘露之变"。

公元826年12月8日晚上，唐敬宗在抓捕狐狸取乐回宫后，依旧兴致勃勃地与宦官刘克明、许文端、田务澄打球，又与军将苏佐明、石定宽、王嘉宪以及阎惟直等人一同饮酒取乐。当唐敬宗喝得微醉，进屋换衣服时，大殿的灯烛突然灭了，刘克明、苏佐明等人合谋将年仅18岁的唐敬宗害死了。

随后，刘克明又假传圣旨，逼着担任翰林学士之职的路隋起草遗诏，选立绛王李悟管理朝政。因为刘克明和另一派的宦官之间存在很大的矛盾，他就准备将那些宦官的权力剥夺了。而这也将枢密使王守澄、杨承和以及神策军中尉魏从简、梁守谦等宦官惹恼了，因而他们悄悄地密谋，派遣卫兵将唐敬宗的弟弟——江王李涵接进宫中，又使用了左、右神策与飞龙禁军把刘克明和苏佐明等人全部斩杀了。而绛王李悟也在这场乱兵中被杀了。王守澄等人在得到三朝元老——裴度等朝廷官员的认可之后，拥戴江王李涵（后改名李昂）为帝，史称唐文宗。

在唐朝后期，唐文宗是一位想要做出一番大业的好皇帝。他勤政爱民，生活简朴，喜好读书，时常在处理完政事后手不释卷，博览群书。其中，史书是他最喜欢阅读的。每当他读到乱世君主，就经常扼腕长叹；看到尧、舜、禹等贤明圣主的事迹时，就拍手称赞。他由于爱读《贞观政要》而对魏征十分仰慕，于是，就下诏将魏征的五世孙魏謩（谟）找到，并任命其为谏官左拾遗，让他能随时为他施政提出意见与建议。

唐文宗登基的时候，大唐的政局十分混乱，藩镇割据、宦官专权、朋党之争都闹得非常凶，特别是宦官专权的问题，更是令他有着深刻的感受。唐文宗的祖父唐宪宗、哥哥唐敬宗均死在宦官的手中，其父亲唐穆宗与他自己也都是在宦官的拥立下才坐上皇帝之位的。所以，他能很深刻地认识到宦官专权所带来的危害，并且下定决心要将宦官势力铲除。那个时候，朝廷中的大臣主要分为牛党与李党。这两党正在斗得激烈，他们相互排挤。并且这两党和宦官集团的联系极其紧密，对于铲除宦官势力没有兴趣。因此，唐文宗只能另外找寻支持的力量。

唐文宗很注重引进不仅有才学，而且有统治经验的人才。每年的科考，他往往都亲自出题，对那些进士进行策试，考试内容大部分都是与时政有关的对策。如果遇到比较精彩的策论，他都会反复进行披阅，爱不释手。公元828年3月，唐文宗亲自出马，策试制举"贤良方正能直言极谏科"，在对策中，进士出身的刘蕡直接陈述了宦官专权的诸多弊端，认为天下混乱，国家政治陷入危机均是因为宦官专权而致，他还对藩镇擅兵、奸臣当道的种种危害进行了阐述，在那个时候引起了巨大的震动。可是因为唐文宗刚即位没多久，羽翼还没有丰满，迫于宦官势力与执政大臣的压力，没敢用刘蕡，只选用了其他对策者。然而，随着做皇帝的时间逐渐增长，他也开始动手解决宦官专权的问题。

公元830年，唐文宗任命出身贫寒，秉性刚正，从来不参加朋党之争的宋申锡作为宰相，让他秘密地将宦官势力铲除，但是由于计划被泄露了，宦官就故意污蔑宋申锡谋反，使其被流放到开州（今四川开县），并且死在那里。因为受到宋申锡的牵连，有将近100人被贬黜而死。

这个时候，唐文宗又看中了李训与郑注。李训出身于名门，考中过进士，通晓《易经》，曾经投靠过李逢吉，因事遭受过流放。郑注精通医术，曾经在节度使李愬的帐下做过幕僚，得到过监军宦官王守澄的赞赏。李训与郑注都擅长揣度人心，思维十分敏捷，并且口才了得。他们相继通过宦官王守澄的举荐，被朝廷任用。不过，他们并未遵从王守澄的心思做事。唐文宗与他们相谈甚欢，将其视为"奇才"，所以任命他们为翰林学士，赐予其自由出入宫中的权力，并且将铲除宦官的重任秘密地托付他们。

李训与郑注先利用牛党、李党相互斗争的机会，把牛党头领李宗闵、李党头领李德裕及其不少重要成员从朝廷中贬逐了出去。同时，他们又在人事与组织上做了调整，重用舒元舆、王瑶、郭行余、韩约、罗立言、李孝本等人以及声望显赫的裴度、郑覃、令狐楚等人，获得了人心。那个时候，朝廷上下的面貌焕然一新。皇帝及官僚们也都希望他们可以开创出一个太平的局面。

公元835年，李训与郑注又对宦官间的矛盾加以利用，将与王守澄作对的杨承和、韦元素、王践言3个大宦官放任出京做监军，没多久，就处死了他们。接着，他们又向唐文宗奏请了"明升暗降"的方法，提拔王守澄做了左右神策观军容使，将其右神策中尉的职务解除了，将他的权力架空了。王守澄失去兵权之后，不久就被赐死了。他们又以追查唐宪宗被害死的事情作为借口，将宦官陈弘志杖毙了。这些措施狠狠地打击了宦官的势力，极大地震慑了从左右神策军中尉、内枢密使，到投靠于宦官的禁军将领，使他们看到李训就立即下跪迎拜。

没多久，李训、舒元舆被任命为宰相，郑注做了凤翔节度使。他们想要利用内外联合的方法来将宦官消灭。原本郑注与李训早已商量好了，并且打算在王守澄下葬时，让亲兵将利斧藏在身上，将前来送殡的所有宦官都杀死。然而，李训因为过于着急地想要立功，在条件未成熟的时候，十分轻率地使用了很冒险的措施，决定抢先行动。

公元 836 年 11 月 21 日，李训事先在宫中布设好了伏兵，等到唐文宗上朝的时候，左金吾卫大将军韩约向皇帝奏称，在大明宫左金吾大厅后院中的石榴树上，昨夜天空降下预示天下太平的甘露，诱使担任神策军中尉之职的仇士良与鱼弘志带着众多宦官前去观看，然后再将他们消灭。当宦官们来到左金吾院内的时候，韩约由于神色过于紧张，脸上汗流不止，使得仇士良警觉起来。这个时候，突然一阵风吹来，将院内四周的帐幕吹了起来，于是，埋伏在帐幕后的所有士兵就暴露了。仇士良见状，匆忙返回大殿中，并且劫持唐文宗向内宫逃去。

李训等人一边追赶唐文宗，一边下令让伏兵立即动手。尽管罗立言、李孝本率领将士们立刻赶来，将十几个宦官打伤或打死，但还是让仇士良等大多数的宦官跑了。随后，宦官们派出禁军开始对全城进行搜捕，大肆杀人。只要看到官员就杀，李孝本、舒元舆、罗立言、王涯、王瑶以及韩约等人全部被杀死。虽然李训乔装出了皇宫，一路上依靠装疯卖傻逃到了终南山寺庙里，但是最后也被抓住，杀死了。仇士良指示监军将郑注及其全家老少全部杀死了。最后，宦官杀人杀得红了眼，很多与这件事情没有关系的朝廷官员，甚至老百姓也都惨遭毒手了，继而酿成了令朝野内外震惊的"甘露之变"。

局势分析

甘露之变不仅没有将宦官消灭，反而使他们的气焰变得更加嚣张了。而

唐文宗也由此陷入了更加被动的处境中，就好像被软禁了一般。那些宦官在对待他这个天子的时候，一点儿恭敬也没有，处处盛气凌人，甚至经常恶语相向。这让唐文宗感到十分羞耻、畏惧，从此之后，变得闷闷不乐，郁郁寡欢，再也不敢与之作对了，再也不敢大声说话了。试想一下，那些可恶的宦官对待尊贵的皇帝尚且这样无理，对待那些宰相大臣就更不用说了。从此之后，唐朝的朝政大事都由宦官控制之下的北司进行决策，南衙宰相班子就变成了一个仅仅负责下达文书、执行宦官命令的办事机构。

说点局外事

公元 839 年，在一次退朝之后，唐文宗在私底下悄悄地问当值的大学士周墀："在你的眼中，朕是一个怎样的君王呢？"周墀不敢回答，一再进行推辞，说道："这件事情不是臣所能够随意进行评价的。不过，天下的人都称陛下是与尧、舜一样的无比圣明的君王。"唐文宗苦笑着说道："朕是想说，朕相较于周赧王、汉献帝怎么样？"周墀听了之后非常惶恐，连忙叩头启奏："陛下的功德，周成王、周康王与汉文帝、汉景帝也很难与之相媲美，更何况是那两个亡国之君呢？"唐文宗说道："周赧王与汉献帝只不过受制于强臣，现在，朕受制于家奴，自己认为还不如他们啊！"说完之后，唐文宗无限伤感。

会昌削藩，平定泽潞

甘露之变后，唐文宗就成了宦官手中的"玩物"，整日饱受欺辱，在苟活了 4 年后，终于由于忧愤成疾，卧病在床了。公元 840 年，时年 33 岁的唐文宗带着壮志未酬的遗憾，走到了人生的尽头。

在此之前，唐文宗已经册立哥哥唐敬宗的小儿子陈王李成美为皇太子。他在临死之前，秘密地将宦官枢密使刘弘逸、薛季棱以及宰相杨嗣复、李珏等人召来，将太子执政的事情托付给他们。然而，担任神策军左右护军中尉之职的仇士良、鱼弘志，由于贪图拥立的功劳，就以皇太子年纪小，经常生病，不能担当此重任作为理由，提出改立太子。尽管宰相李珏一直据理力争，但对手中掌控着禁军的仇士良、鱼弘志也没有办法。他们伪造圣旨，将唐文宗的弟弟颍王李瀍册立为皇太弟，并且亲自将他接入宫中。而太子李成美则被逼着以陈王的爵位退到了藩王府邸。唐文宗死了之后，李瀍继承皇位，史称唐武宗。

唐武宗登上皇位后，在第二年将年号改为会昌。唐武宗身材魁梧，性格稳重果断，而且有自己的主意，从来不将喜怒表现在脸上。他是唐朝后期比较有作为的一个皇帝。唐武宗上台之后，马上起用李德裕作为宰相，君臣一心，沉着应对，一起渡过难关。在唐朝晚期内忧外患的情况下，唐武宗获得了抑制宦官势力、会昌灭佛、击溃回鹘以及翦平强藩、平定泽潞等良好政绩，为逐渐腐朽的大唐王朝添加了一丝亮色。其中，平定泽潞节度使刘稹的叛乱是最值得称赞的。

泽潞镇，又被称为昭义镇，位于现在山西东南部与河北西南部地区，治所为潞州，领有泽、潞、邢、洺以及磁五州之地，是一个地理位置相当重要的地方。

泽潞和朝廷进行交恶开始于刘稹的祖父——刘悟。原本，刘悟在淄青节度使李师道的帐下效命。公元 819 年，唐宪宗下令对李师道进行征讨，并且许下诺言："淄青的将领谁能将李师道杀死，并率众归降，他就可以得到李师道的官爵地盘。"那个时候，刘悟由于正被李师道猜忌，于是就倒戈将李师道擒杀了，然后率众归唐。

然而，令他没有想到的是，朝廷居然食言了，将淄青镇分成了三部分，而改任刘悟作为义成节度使。唐穆宗称帝后，刘悟被调任为昭义节度使。公元 821 年，幽州爆发军乱，大将朱克融将节度使张弘靖囚禁了起来，朝廷想要调遣名将移镇幽州，将兵变平息，就让刘悟做了卢龙节度使。可是，刘悟以幽州兵势太强作为借口，不想进讨，仍然在泽潞镇守。

刘悟由于和朝廷任命的监军刘承偕相处得不和睦，常常遭到刘承偕的侮辱，于是，就发动了兵变，将刘承偕囚禁了起来。朝廷被迫将刘承偕贬黜了。从此之后，刘悟就变得越发蛮横，也想要效仿"河朔三镇"割据，不接受朝廷的命令。很多逃亡的罪犯以及失意的人都前来投奔泽潞，刘悟在向朝廷上奏的时候，经常言词不逊，可是，朝廷对他也没辙。

公元825年，刘悟死了，他的儿子刘从谏向朝廷请求继任，并且用重金贿赂了宰相李逢吉与权阉王守澄，使他们尽可能地为他说好话，争取到了任命。那个时候，宦官专权，南衙北司的矛盾非常尖锐。"甘露之变"的时候，宰相王涯等人被杀害。刘从谏向来和王涯的交情不错，又对宦官当权十分痛恨，于是，就多次上奏为王涯鸣冤。因为刘从谏手中握着重兵，而且威望也很高，所以权阉仇士良等人十分忌惮他，宰相郑覃以及李石等人才能够继续执政。从此之后，刘从谏和仇士良闹翻了，数次上奏对仇士良的罪恶进行指责，而仇士良也多次声称刘从谏具有窥伺朝政的野心。

唐武宗登基后，刘从谏将一匹良马献给朝廷，但却被朝廷拒绝了，刘从谏就觉得这是仇士良从中破坏所致，于是，在非常生气的状态下将那匹马杀了，从此之后，再也不相信朝廷了。为了与仇士良进行对抗，刘从谏招纳亡命之徒，修整兵械，增加税收，积极备战。

公元843年4月，刘从谏因病去世，他的侄子刘稹接受了部将郭谊的建议，没有立即发丧，而是自领军务，并且向朝廷请求任命。另外，他还上奏对仇士良的罪行进行指责，对朝廷的调遣表示拒绝。宰相李德裕觉得，昭义（今山西霍山东及河北涉县一带）与京城相距不远，不可以任其割据一方，因此不能批准。5月13日，朝廷颁下命令将刘从谏与刘稹的官爵削夺。第二年，李德裕主持调集了成德、魏博以及河中等镇的兵力向昭义进剿，任命王元逵作为泽潞北面招讨使，任命何弘敬作为南面招讨使，与河中节度使的陈夷行、河东节度使刘沔以及河阳节度使王茂元合兵出击。

7月18日，天德军防御使石雄带领7000人从西面攻进了潞州界，过了乌岭之后，将昭义的五寨都攻破了。王元逵从东面发动了猛烈地进攻，在尧山将昭义军打得落花流水。因为昭义镇的实权被部将王协、李士贵等人控制，所以，昭义军的军心不稳，将士不同心，大将高文瑞与邢州刺史崔嘏相继归降于唐军，洺州、磁州军队也先后倒戈。昭义部将董可武把刘稹骗到了一个别院，然后将其杀死，就连刘稹的家族也没有放过，全都被杀死了。石雄把刘稹的脑袋送到了长安，向唐王朝报捷，宣告扫平了泽潞。

局势分析

因为泽潞镇的地理位置非常重要，所以唐朝极其重视它。因此，大唐王朝不可能让其割据一方。正是由于这个原因，唐王朝才决定削藩，并且在众人的努力之下，最终取得了可喜的成功。

平定泽潞是大唐王朝自从元和中兴以来，对于蛮横跋扈，难以控制的强藩所取得的唯一一次比较大的胜利。不过，因为那个时候大唐王朝的弊端已经发展到了很难革除的地步，也没有能力再与藩镇进行较量了，所以只能任由割据局面就这样一直持续下去，直到大唐王朝最后灭亡的那一刻。

说点局外事

唐武宗当权的时候，发生了有名的废佛事件，又被叫作"会昌灭佛"。唐武宗对于道教十分崇尚，非常喜欢道术，对于道士赵归真等人极其宠信，命令他们为其炼制长生不老的丹药。赵归真等人趁着这个机会经常在唐武宗的面前败坏佛教的名声，大力怂恿唐武宗禁断佛教。而唐武宗对于佛教势力逐渐膨胀，已经对国家经济利益产生了很大威胁也相当不满，再加上宰相李德裕也对佛教非常反感，因此，从公元842年开始，唐武宗就下令毁佛。

在李德裕的负责之下，开始大规模地将寺院拆毁，强行命令和尚、尼姑还俗，并且还将他们的财产没收了。到了公元845年的时候，灭佛运动达到了最高潮，朝廷共计将4600多所寺庙捣毁，将4万多所招提、兰若拆掉，强迫26万多名僧尼还俗，解放15万名奴婢，把他们全都编到了国家的两税户中，将归属于寺院的几千万顷良田全部没收。与此同时，除了道教之外的其他宗教，也全部被禁止了。唐武宗的灭佛运动狠狠地打击了寺院经济，促使政府的纳税人口得以增加，使国家的经济来源得以扩大。历史上将武宗灭佛和北魏太武帝、北周武帝以及后周世宗的灭佛合称为"三武一宗"灭佛。

桂林戍卒哗变

唐武宗因为宠信道士，迷恋长生不老丹，结果中毒身亡。之后，唐宣宗即位。唐宣宗是晚唐时期的皇帝中比较有作为的一个。据说，唐宣宗勤政爱民、明察秋毫、执法无私、从谏如流、从不滥授官职与随意赏赐。正是由于他的努力，大大延缓了唐王朝灭亡的时间，赢得了"小太宗"的称号。但是，在他之后的唐懿宗在执政上抱着得过且过的态度，经常沉湎游乐之中，每天过着醉生梦死的生活，完全就是一个骄奢无能的昏君。

在唐懿宗时期，不仅君主昏庸，而且就连其任用的大臣也多为碌碌无为、贪腐成风之辈。比如，咸通初年（860），担任宰相之职的杜悰，根本没有任何的政治才能，但是他却依靠着驸马的裙带关系出将入相，空占着相当重要的职务却不做事。因此，人们送给杜悰一个外号——"秃角犀"。

在这些无能鼠辈的管理之下，唐朝晚期的政治相当腐败，社会也变得越来越黑暗，老百姓的生活也越发贫困，可谓整天忍受着水深火热的煎熬。那个时候，有人上书非常严厉地指出：现在，有钱的人拥有着连成一大片的土地，而贫穷的人却没有非常小的安身之地。即便是这样，朝廷的各种苛捐杂税，仍然在一天天地加重。甚至就连统治集团内部的一些有学识的人才也极其尖锐地指出：天下的百姓正在忍受着八种苦难而没有一丝一毫的快乐；而国家则存在着九种破败的理由而没有任何一种可以维持的道理，这非常充分地说明广大人民群众已经再也没有任何的办法再继续生存下去了，农民大起义的风暴即将要到来了。

唐懿宗登上皇位的那一年，也就是859年12月，就发生了由浙东裘甫领导的农民起义。浙东地区是大唐王朝非常重要的财赋供应地，同时也是统治不是很强的地区。农民起义军将浙东观察使郑祗德派遣过来的镇压的官兵打败之后，接连着对象山、剡县（今浙江嵊州）、上虞、余姚、慈溪、奉化、宁海等县发起进攻，并且成功地将其拿下了。这可吓坏了明州，也就是今天的浙江宁波的官员，致使他们在大白天也紧闭着城门……

在这种情况下，唐懿宗急调重兵，前去征剿农民起义军。在与唐军对阵的过程中，每一支农民起义军都进行了殊死抵抗，但最终还是由于唐军的力量过于强大而被打败了。农民起义军的首领裘甫被抓住之后押送到了长安，最后被唐军杀害了。裘甫所率领的农民起义历时半年多，毫无疑问，这对于刚刚坐上皇帝宝座的唐懿宗而言，是一声非常响亮的警钟。然而，在浙东的农民起义军被平定之后，唐懿宗却忘记了那个时候的局势是多么紧张，依旧整日寻欢作乐，不务正业。结果，公元 868 年 7 月，又发生了由庞勋领导的桂林戍卒起义。

其实，在唐懿宗刚刚登基称帝的时候，大唐王朝就与南诏彻底地翻脸了。南诏王酋龙在非常愤怒的情况下就自称为皇帝，建国号为"大礼"，也可以写成"大理"，将年号改为"建极"。与此同时，南诏还派遣兵马向大唐王朝边境发动攻击，结果安南沦陷。

为了守卫边境，大唐王朝常常从内地抽调部队，定期换防。担任徐州节度使之职的孟球，曾经招募了 2000 名士兵，分出了 800 名士兵守卫桂林，并且约定 3 年进行轮换。然而，到了公元 868 年，已经过去了 6 年的时间，早已经超期戍守，因此那些守卫桂林的士兵们多次提出轮换请求。但是，这个时候，徐州节度使崔彦曾觉得库藏十分空虚，如果派遣士兵换防戍边，那么，其花费是非常大的，于是，他就要求守卫桂林的那些士兵们再多留守一年。当守卫桂林的士兵们的家人把这个消息快速地传到在桂林戍防战士那里的时候，再也不能忍受的戍卒们相当愤怒，因而牙官许佶、王幼诚、赵可立、刘景、张实、傅寂、王孟敬文、弘立以及姚周等 9 人，将都将王仲甫杀死，拥立担任粮料判官之职的庞勋作为首领，然后，他们一起冲到了监军院，夺走了兵器，在桂林发起暴动。之后，起义军们经过湖南北上，沿途对衡山、湘潭这两个县进行了抢劫，随之他们沿着长江东下，然后又转战到淮南地区，

一直打回了他们的老家——徐州。

在这一路上，起义军们招纳了不少穷苦农民出身的人入伍，所以起义军的队伍快速地壮大起来。大唐王朝虚情假意地颁发了一道诏令，声称将那些戍兵赦免，并且准许他们返回到自己的家乡。然而，担任徐州节度使之职的崔彦曾却早已派遣兵马前来镇压起义军了。结果，唐军被戍卒义军打得落荒而逃。起义军趁着这个机会向宿州、徐州进攻，并且成功拿下。另外，在此过程中，起义军还将节度使崔彦曾、尹戡等残暴的唐朝官吏斩杀了。起义军的首领庞勋自称为兵马留后，后来又自称为天册将军，其声势大振。

接着，起义军又向濠州（现在的安徽凤阳）、滁州等地发起进攻，最终也将其成功拿下，并且将滁州刺史高锡望杀死。就这样，南至寿州、庐州，北至沂州、海州、沭阳、下蔡、乌江以及巢县等地，全部都被起义军先后攻占了。而泗州地区也被起义军长期地围困起来。起义军将江、淮地区的运输线控制在了自己的手中，并且将大唐王朝从江南运输财赋的通道切断了。因此那些前来救援的唐朝军队，虽都疲于奔命，屡次与起义军作战，但是屡次失败。而起义军则是越战越勇，因为这一年江、淮地区出现大旱，并且爆发了十分严重的蝗灾，所以活不下去的老百姓纷纷加入到了庞勋起义军中，使得起义军的力量迅速地增加，没多久便发展到了20多万人。

在庞勋起义的规模逐渐强盛起来的时候，大唐王朝也急忙任命右金吾大将军康承训作为义成节度使、徐州行营都招讨使，同时，任命羽林将军戴可师与神武大将军王晏权分别为徐州南、北面行营招讨使，将各路大军调集起来，前去对起义军进行镇压。除此之外，唐王朝还将沙陀三部落使朱邪赤心与吐谷浑、鞑靼以及契苾等部族酋长都调来了，他们各自率领部众，帮助唐军镇压起义军。

面对唐王朝的大力镇压，起义军们不畏生死，英勇作战，在都梁城，也就是今天的江苏盱眙北地区，杀死了戴可师，并且多次将王晏权的部队打败。起义军的节节胜利逼得大唐王朝不得不用曹翔代替王晏权，并且将淮南节度使令狐绚撤换下来，用马举代替，与此同时，又命令将军宋威做了徐州西北面招讨使,从而使得唐朝军队的镇压力量变得更为强大了。

唐军将所有的兵力集中起来,分为四面对起义军进行了包围,开始全面地反攻。在这种情况下,起义军原本已经攻占的地方,相继又回到了唐军的手中,随之,唐军向徐州地区逼近。在如此危急的关键时刻,庞勋采纳了部下的意见,率领大军向宋州、亳州发起进攻,想要以此来对唐朝的军队进行牵掣。然而,当庞勋率领大军西行之后,他帐下的张玄稔就率部向唐军投降了。就这样,徐州陷落了。庞勋向西攻打宋州,没有成功,转而向亳州发起进攻,打算折回徐州,但是却一直被沙陀骑兵追击,苦苦与之交战,不能获胜。公元 869 年 9 月,起义军首领庞勋在蕲州(今湖北黄冈市)境内战死。至此,庞勋所领导的桂林戍卒起义在经过了一年多的时间之后,以失败告终。

局势分析

在唐朝晚期,裘甫与庞勋先后领导了两次起义。尽管这两次起义没过多长时间就以失败结束,但是因为这两次起义都发生在大唐王朝赖以生存的相当重要的财赋供应地,因此,对大唐王朝造成了巨大打击。特别是由庞勋领导的起义,转战南方 6~7 个省份,对大唐王朝漕运通道的运河造成了严重的威胁,在很大程度上震撼了大唐王朝在江、淮地区的统治。后人对此的评价为:尽管唐朝是在黄巢起义后灭亡的,但是其真正的祸根实际上在桂林戍卒起义中就已经埋下了。因此,这两次起义相当于正式地将唐朝末年农民大起义的序幕揭开了。

说点局外事

公元 864 年,担任宰相之职的路岩不仅没有任何的作为,而且还结党营私,收受贿赂,奢侈堕落,任意妄为,甚至还将朝政大事委托给下面一个名字叫作"边咸"的亲信。

大臣陈蟠对此实在看不过去了，就向唐懿宗上奏，详细地陈述了边咸的罪行，并且说倘若将边咸的家抄了，两年的军费就有着落了。可是，唐懿宗不仅没有对边咸严加查办，反而狠狠地臭骂了陈蟠一顿，并且将他流放到了非常边远蛮荒的爱州，也就是今天的越南清化，从此之后，再也没有人敢直言进谏了。

路岩还与之后担任宰相的驸马韦保衡串通一气，牢牢地掌控着朝政大权，他们的气焰相当嚣张。那个时候，老百姓们都将他们称为"牛头阿旁"，意思就说他们就好像厉鬼一般阴险可怕。除了路岩以外，当时担任宰相之职的曹确、徐商以及杨收等人，也都是一样的货色。有人把他们几个人的姓名串连在一起，编成了一个顺口溜：确确（指曹确）无余事，钱财总被收（指杨收）。商（指徐商）人都不管，货赂（指路岩）几时休。

宦官遭受灭顶之灾

在唐朝后期，在皇帝的宠信与纵容之下，宦官手中的权力逐渐增大，出现了宦官专权的局面，使得原本应该高高在上的皇帝反而要受制于宦官这样的家奴。那么，这种令皇帝难堪的局面是在什么时候结束的呢？

公元888年3月6日，年龄不大的唐僖宗在几经颠沛流离之后，突然暴病而死。由于唐僖宗还没有正式册立太子，因此，在他临死之际，朝廷的文武大臣看中了他的弟弟，即吉王李保，其理由就是在诸多王爷中，吉王最富贤名，而且年龄也不算小。然而，大宦官观军容使杨复恭却对此表示反对，他支持唐僖宗的七弟，也就是寿王李杰做皇帝。

于是，杨复恭命令右军中尉刘季述派遣兵马把李杰接到了皇宫中，册立为皇太弟，管理朝政。唐僖宗死了之后，李杰将名字改为李敏，继承皇位，又将名字改为李晔，他就是唐昭宗。

唐昭宗做了皇帝之后，意气风发，拥有雄心壮志，想要重新整顿河山，振兴祖宗的基业。唐昭宗喜爱读书，喜欢文学，重视儒术，恩待大臣，给人们留下了不错的印象，所以，人们都赞颂他"有会昌之遗风"。

唐昭宗想要重新振兴朝纲，要做的第一件事情就是从宦官的控制中摆脱出来。那个时候，朝中文武大臣都对宦官专权十分痛恨。于是，一场非常激烈的争斗上演了。

此时，唐僖宗时期的大宦官田令孜尽管已经失势了，在唐昭宗上位之前就跑到成都投奔担任西川节度使之职的陈敬瑄去了，可是，他仍然胡作非为，在朝廷宦官当中的影响力非常大。唐昭宗因为当年跟着唐僖宗逃难的过程中，被田令孜欺负过，因此，他对这个权阉简直恨得牙痒痒。于是，唐昭宗命令宰相韦昭度将陈敬瑄的职位取代，想要借着这个机会将田令孜除掉。不料，陈敬瑄竟然会违抗唐昭宗的命令，拒不遵从。后来，田令孜的养子四川军阀王建起兵，将田令孜与陈敬瑄杀掉了。

当初拥立唐昭宗为帝的大宦官杨复恭在田令孜举荐之下，才成为左神策军中尉、观军容使的。他自恃有功，蛮横无理，擅权弄政，一点儿也不尊重唐昭宗。他曾给自己的养子兴元节度使杨守亮写过一封信，在信中，他不仅自称为"定策国老"，而且骂唐昭宗是"负心门生天子"。

杨复恭因为和唐昭宗的舅舅王瑰之间有矛盾，所以就在王瑰前往黔南上任的途中，派人把他活活地淹死在了江中。根据唐朝的法令，一个宦官只允许收养一个儿子，可是，对于那些权势滔天的宦官而言，经常会收一群的养子。比如，杨复恭就收了600多名养子。他将部分养子派到地方做州刺史，叫作"外宅郎君"，又将部分养子派遣到各地藩镇做监军。这样一来，朝廷内外的大权，都全部落到了他一个人的手中。

唐昭宗恨死了杨复恭，一直想要收拾他，就选择了收买的方法。唐昭宗对杨复恭所有养子中最为勇猛的天威军使杨守立进行提拔，让他做了自己的贴身护卫，并且为他赐名为李顺节，负责管理六军。李顺节得宠之后，果真和杨复恭反目了，两人开始争夺权力，相互中伤。李顺节在唐昭宗面前揭发了杨复恭曾经做过的不少坏事。

唐昭宗认为时机已经成熟了，就在公元891年，将杨复恭的兵权解除了，

强行命令他退休。接着，唐昭宗又命人告发杨复恭与其养子玉山军使杨守信造反，并且让李顺节率兵征讨。第二年，李顺节打败了杨守信等人，并且将他与杨复恭一起押回京师，斩首示众。

杨复恭被除掉之后，李顺节变得越发蛮横无理，两军中尉刘景宣与西门重就设下计谋，将李顺节诱杀了。没多久，凤翔军阀李茂贞杀死了刘景宣，由景务修与宋道弼代替了刘景宣、西门重的职务，继续专权祸害国家，这引起宰相崔胤的强烈不满。于是，崔胤就设法处死了景务修与宋道弼。枢密使刘季述与王仲先接任了两军中尉。

崔胤是唐宣宗时期宰相崔慎由的儿子。崔慎由曾经在临死之前，把宦官仇士良与鱼弘志怎样在夜里逼着他起草诏书，将唐文宗废掉的事情告知给了崔胤，从此之后，崔胤就开始仇恨宦官。崔胤掌权之后，就与宣武节度使朱温联合起来，一心想要将所有的宦官都消灭掉。

朱温，原本是黄巢帐下的一员大将，后投降朝廷，被任命为宣武节度使，镇守大梁，也就是今天的河南开封，成为了那个时候非常重要的军阀。

宦官们看到唐昭宗对崔胤非常器重，都非常害怕。刘季述、王仲先与枢密使王彦范、薛齐偓这4个大宦官，在私底下悄悄地密谋，想要将唐昭宗废掉。

公元900年11月5日，唐昭宗前往禁苑打猎，最后喝得醉醺醺地回来了。当天晚上，伺候他的小宦官与宫女被杀了。第二天，宫门还未曾打开，刘季述与王仲先就带着人马砸开门进去，利用武力强迫宰相崔胤以及百官在废黜唐昭宗的奏折上签字。接着，他们闯进唐昭宗的寝宫，看到人就杀。

唐昭宗吓得从床上跌了下来，爬起来想要跑，但是却被刘季述与王仲先摁在了座位上。唐昭宗的皇后何氏看到这种情况，急忙央求道："刘军容，别吓到皇上，有什么事情你们做主即可。"刘季述将百官署名的奏折拿了出来，说道："陛下已经厌倦了皇位，文武大臣请求太子监国，如今，就请陛下前往东宫去颐养天年吧。"唐昭宗立即为自己辩解。这个时候，站在旁边的何皇后急忙劝说道："陛下从了刘军容吧！"说着，就将传国玉玺交了出来。然后，宦官们就将唐昭宗、何皇后以及十多名侍从都赶到了东宫。

刘季述手中拿着一条银马鞭，非常猖狂地对唐昭宗进行数落道："某年某月某日，你没有遵从我的吩咐，犯了一条罪；某年某月某日，你又没有遵从我的吩咐，犯了一条罪……"他边说边用马鞭在地上划道，连续划了几十道。数落完唐昭宗之后，他气呼呼地走了，并且将宫门锁上，还命人利用铁水将锁禁锢住。另外，他还命令禁军将东宫围住，囚禁唐昭宗，如果有什么动静随时汇报。唐昭宗等人就被关了起来，彻底与外界断了音讯。他们想要一些钱帛与纸笔都被拒绝了，而他们的饭菜与水都是从临时凿出来的墙洞递进去的。那个时候，正是天气寒冷的时节，后妃公主们根本没有御寒的衣服与被褥，一个个冻得痛哭流涕。

刘季述伪造圣旨，让太子登基称帝，尊唐昭宗为太上皇，将东宫改为"问安院"。然后，刘季述将唐昭宗的弟弟，即睦王李倚以及平时唐昭宗比较宠信的宫人、随从等人全部杀死了。他们原本还想将宰相崔胤杀了，但因为畏惧朱温，才没有动手，但是却将崔胤兼任的度支盐铁转运使的财政大权解除了。

崔胤连忙派人向朱温紧急求援，请求他率领大军前来营救唐昭宗。但是，朱温收到崔胤的求救密信之后，并没有立即率领大军出发，而是犹豫不决，采取观望的态度。而身在长安的崔胤一直在焦急地等待着朱温大军的到来，但是久等不到。

后来，崔胤听说有一位名字叫作孙德昭的禁军将领对于刘季述囚禁唐昭宗的做法相当愤恨不平，就悄悄地派人将其策反过来，拉入了他的阵营。接着，他们又与其他两名禁军将领联合起来，在公元901年1月1日这一天，利用宦官们入朝的机会，突然发动袭击，把刘季述、王仲先、王彦范与薛齐偓4个大宦官以及他们的党羽全都抓住，并且杀死了。随后，他们将唐昭宗迎接了回来。

崔胤向唐昭宗提出建议，不可以让宦官统率禁军，但是，唐昭宗没有接受，仍然任命宦官韩全诲与张彦弘做了左、右神策军中尉。在这种情况下，崔胤再一次给朱温写信，请求他发兵来将宦官铲除。同年10月，朱温亲自率领大军进入关内，韩全诲等人劫持着唐昭宗逃到了凤翔军阀李茂贞的营中。李茂贞与朱温相互对战了1年多之后，在不得已的情况下，双方罢兵言和。

公元903年1月，韩全诲、张彦弘等宦官以及他们20多名党羽全部被杀了。唐昭宗回到了长安。朱温趁着这个机会杀死了朝中所有的宦官，并且命令各地藩镇把做监军的宦官也全都杀死。这样一来，除了部分地方之外，宦官几乎都被杀光了，宦官专权局面到这里宣告结束了。

局势分析

唐朝后期因为宦官掌控了中央禁军的权力，所以其权势逐渐地强盛起来，以至于最终形成了宦官专权的局面。宦官们手握大权，干预朝政，结党营私，为非作歹，欺压百姓，甚至还会随意地侮辱皇帝。在那些宦官的眼中，皇帝就是他们达到某种目的的一种工具，所以，他们在皇帝面前蛮横无理，没有丝毫的尊敬可言，一旦这工具不听从他们的摆布，他们就会立即将其废除，再扶植一个傀儡皇帝。在那些宦官的影响之下，唐朝的统治变得更加腐败，更加黑暗，天下的老百姓都生活在水深火热之中。

尽管那些傀儡皇帝中，也有力主铲除宦官的君王，比如唐文宗，但是一直没能成功。直到唐昭宗时期，在唐昭宗、宰相崔胤以及宣武节度使朱温等人共同努力下，克服种种困难，最后终于使猖狂了100多年的宦官专权的局面结束了。然而，大唐王朝政治黑暗腐败的状况并未因此而得以扭转，而是更接近了灭亡的边缘。

说点局外事

朱温自小不喜欢耕田，偏爱打猎，经常拿着弓箭到深山中打猎。有一次，朱温与哥哥朱存在宋州郊外打猎的时候，与前往龙元寺上香的少女张氏相遇。张氏是宋州刺史张蕤的女儿，长得美艳动人。朱温对张氏一见钟情，并对哥哥说一定要娶张氏为妻。

公元875年，爆发了黄巢起义，朱温参加了农民起义军，并且一直对张氏念念不忘。但他没有像其他将领那样，随意将抢来的良家女子作妻子，而是苦苦寻找他的心上人张氏。但因为兵荒马乱，人家张氏早已离开宋州，不知去哪里了，所以一直没有如愿。后来，当朱温做同州防御史时，意外地遇到了他的梦中情人。

这个时候，张氏由于父母都死了，没有办法在乱世生存，早已沦落成了难民，流落到了同州，被朱温部下抓住，见她长得很美，便将其送给了朱温。朱温一眼就将张氏认了出来，非常高兴。而张氏却不认识朱温。当她知道朱温与她是同乡，并且在好几年前就爱慕自己，直到现在还没有娶妻，非常感动。朱温趁此机会对张氏嘘寒问暖，并想要迎娶张氏作为妻子。已是孤女、无依无靠的张氏看到朱温的一片真情后，自然不会拒绝。于是，朱温终于如愿以偿地将心爱的女人娶回了家。

晋汴争雄，朱温灭唐朝

在大唐王朝走向灭亡之前，曾经发生过两件大事，第一件是晋汴争雄，而第二件则是朱温灭唐朝。

公元884年5月，沙陀族首领、河东节度使李克用对黄巢起义军疯狂地追击，并且追到了汴州城外。宣武节度使、汴州刺史朱温害怕李克用的兵强马壮，他表面上对李克用十分恭敬有礼，讨好奉承，实际上内心已经动了杀机。

在朱温为李克用准备的接风宴上，年轻气盛的李克用表现得傲慢无比，并趁着醉酒出言不逊。朱温忍不下去了，干脆提前动手。于是，当天晚上，朱温派兵将李克用住的地方包围，并且四面纵火，乱箭齐射，想要将李克用及其随从卫队全部杀死。

殊不知李克用被其左右亲信用冷水泼醒了，并在侍卫们的保护之下，非常狼狈地从汴州城逃了出来。从此之后，李克用与朱温结下了仇怨，晋（河东）与汴（宣武）这两大藩镇之间开始了长达40多年的争霸战争。

李克用从汴州城逃回晋阳之后，一方面向朝廷上奏，请求对朱温严加惩罚，一方面扬言要亲自率领大军前去报仇。对于朱温与李克用，唐僖宗谁也不想得罪，也不敢得罪，于是，就选择了"和稀泥"的方法，颁下诏书劝说他们两个人和解。朱温因为用全力对付四周对他存在威胁的藩镇，担心腹背受敌，于是，就派了一名使者带着非常丰厚的礼物，前去向李克用谢罪。而李克用也由于刚刚拿下河东，根基还不太稳，又需要兼并邻道，也不敢轻易对朱温开战。于是，双方就暂时将冲突放下，全身心地投入到扩充自己的实力中。

朱温首先拉拢忠武节度使赵犨，在公元888年将河南蔡州节度使秦宗权除去，解除了他的后顾之忧。然后，朱温开始向东方与北方进行扩张。公元893年，朱温兼并了感化镇（徐、泗），将节度使时溥杀死。公元897年，将泰宁（兖）与天平（郓）两镇吞并，并且将泰宁节度使朱瑾赶走，将天平节度使朱瑄杀死，与此同时还迫使平卢（淄、青）节度使王师范投降，将郓、齐、棣、兖、沂、密、许、郑、滑、濮等州纳入他的势力范围中。至此时，其势力远远地超过了河东的李克用。

当朱温清除东西两方的对手，兼并河南、山东的时候，李克用也在努力地兼并邻道。他依靠他强大的军事实力，四面出击，向南拿下了昭义（泽潞）镇，将节度使孟方立逼死；向北攻下了云中、幽州地区，将赫连铎与李匡俦打死，攻破了镇、冀，使得王镕在不得已的情况下投降。他还先后两次率军进入关中，威胁朝廷，慑服了邠宁节度使朱玫、凤翔节度使李昌符以及镇国节度使韩建。

李克用还精心挑选了勇猛善战的将校，收作养子，以补充骨干，一时之间，他的帐下聚集了很多名将，比如李存孝、李嗣昭等，这时他的威名与势力也可谓威震朝廷，势压群藩。然而，非常可惜的是，他不能很好地驾驭下属，导致军纪败坏，所兼并的地区难以巩固，已经归降的藩镇经常叛离，致使他陷入了手忙脚乱的处境中，非常被动。

晋、汴争雄的战线非常长，西起关中，中间经过河中、泽潞，东达河北魏博，两军在长达1000多千米的战线上厮杀博弈。

昭义处在晋与汴这两个大镇之间，是双方争夺的重点区域。公元889年，李克用攻占了昭义镇。但是没多久，就出现了原昭义亲兵发动叛变，向朱温投降的事情。因为这件事情，晋、汴两镇大打出手，双方都有胜负，难分伯仲。公元899年，朱温借着李罕之的手得到了泽潞，从而使河东陷入了唇亡齿寒的处境中。

另外，魏博（今河北大名县东北）也是晋与汴争夺的重点地区。为此，朱温与李克用双方对战了很长时间。公元896年，李克用派遣李存信带领1万骑兵，从魏博借道，前去救援兖、郓的朱瑾与朱瑄。李存信依仗权势，欺凌他人，横行霸道，军纪败坏，引起了魏博镇人的不满与怨恨。朱温趁着这个机会使用离间计，派人前去对魏博节度使罗弘信游说，使之率兵突然向晋军发起攻击，李存信来不及防备，非常狼狈地逃走了。从此之后，魏博和河东彻底决裂了，魏博守军便投向了朱温。公元899年，朱温又给予魏博守军以帮助，将来进犯的幽州刘仁恭打败，并且将女儿嫁给了继任节度使的罗弘信的儿子罗绍威。公元905年，朱温帮助罗绍威将牙兵诛灭，彻底地将魏博镇控制了起来。

李克用要想进入关中，就必须经过河中地区，所以，河中地区的战略地位相当重要。公元901年，朱温率领大军向河中发起进攻，李克用的女婿，也就是当时的河中节度使——王珂陷入了危急当中，先后数次派人向李克用求救。但是，这个时候，李克用已经自顾不暇了，所以没能及时对其进行支援，所以，最后王珂在迫不得已的情况下向朱温投降。这样一来，朱温就对李克用的河东形成了包围之势。

公元902年，汴军直接向晋阳扑来，晋军屡战屡败。李克用看到汴军已经兵临城下，非常焦急害怕，想要放弃城池突围，向云中逃去。这个时候，诸位将领苦苦地劝谏，李克用这才下定决心率兵奋力反击，最后终于将汴军打退了，解了晋阳之围，使其根据地得以保全。但是，从此之后，晋军就处在了逆势当中，几年之内都不敢轻易地和汴军进行争锋。

朱温将魏博控制在自己的手中，并且屡次打败晋军，在对幽州刘仁恭进行重创之后，中原再也没有对手了，他就能够放心地入关了。公元901年，

朱温接受宰相崔胤的邀请，率领大军进入关内。这个时候，宦官们将唐昭宗劫持，并跑到了凤翔的李茂贞那里。朱温率领大军保卫了凤翔，双方僵持了一年多。朱温将关中的州镇都拿下了，凤翔变成了一座孤立的城池。第二年冬天，天气寒冷，城中粮草消耗殆尽，很多将士都被冻死或者饿死。公元903年，李茂贞在万般无奈之下，将左右神策军中尉宦官韩全诲以及张弘彦等20多人杀死之后，和朱温罢兵言和，并且将唐昭宗交给朱温，让其返回长安了。

唐昭宗回到长安之后，册封朱温为梁王。朱温下令将所有的宦官全部杀掉，彻底将朝廷控制在了自己的手中。朱温让儿子朱友伦率领1万多名精兵留在长安，而他本人则率兵返回了大梁。没过多长时间，朱友伦在玩马球的时候，不慎从马上坠下而死。但是，朱温怀疑这可能是崔胤捣的鬼，于是杀死了崔胤。

公元904年1月，朱温强行命令唐昭宗将都城迁到洛阳，命人拆毁了长安，并且将拆下来的所有木材都丢进了渭河之中，长安城中到处都能听到哭泣的声音。朱温的部将温韬甚至公然将唐朝的皇陵挖开，将其中的宝物抢走了。有着千年历史的古都与关中的文物经过这一场浩劫之后，大多数都毁于一旦了。

唐昭宗一行人走到华州，也就是今天的陕西华阴的时候，看到夹道上的老百姓们都跪下大声呼喊"万岁"，便哭着说道："你们不要再喊朕万岁了，朕现在已经不再是你们的皇上了！"然后，又转头对侍臣说道："俗话说得好：'纥干山头冻杀雀，何不飞去生处乐。'朕如今四处漂泊，不知道到底会流落到什么地方呢！"说完之后，唐昭宗更加泣不成声了。

同年4月，唐昭宗等人走到了陕州，也就是今天的河南灵宝，朱温派人催促唐昭宗加快速度。这个时候，唐昭宗哀求道："朕的皇后刚刚生完孩子，现在还在月子里，上路并不是很方便，希望能够等到10月再启程。"可是，朱温觉得这是唐昭宗故意拖延时间，以便等待时机，非常生气。于是，朱温就十分凶狠地对手下牙将寇彦卿说道："你现在立即前往陕州，马上督促皇帝动身。"唐昭宗在万般无奈的情况下，只能出发。

这个时候，唐昭宗已经失去了禁卫亲军，只有各位王爷、小宦官以及打马球的内园小儿跟着他。但是，朱温依旧不放心，担忧那些人会闹出是非，于是就干脆将他们全都杀死了，将自己的部下换到了唐昭宗的身边。

到了洛阳之后，朱温又在同年 8 月 11 日晚上，派兵将唐昭宗杀死，立唐昭宗第 9 个儿子，仅仅只有 13 岁的辉王李祚作为皇帝，改名为李柷，他就是唐哀帝，又被称为昭宣帝。

公元 905 年 2 月，朱温又杀死了唐昭宗其他儿子。公元 907 年 4 月，朱温将唐哀帝废掉，灭了唐朝，正式登基称帝，建国号为梁，将年号改为开平，以开封作为国都，历史上称为后梁。唐哀帝被废之后，被降封为济阴王，然后被囚禁在曹州，也就是今天的山东菏泽。公元 908 年 2 月 11 日，朱温用一杯毒酒毒死了年仅 17 岁的唐哀帝。到这里，李唐皇室几乎已经都被斩草除根，彻底地覆灭了，中国历史步入了五代十国的混乱时期。

局势分析

晋汴争霸，指的就是李克用与朱温这两大军阀之间为了争夺地盘所进行的对战。在经过长达 40 多年的争斗之后，朱温最终获胜，势力大增。于是，他的野心也随之增加。后来，在宰相崔胤的邀请下，率领大军进入关内，消灭了宦官，控制唐昭宗。后来，朱温又逼迫唐昭宗迁都洛阳，后将其害死，扶植唐哀帝上位。最后，朱温又将唐哀帝废掉，自己取而代之，建立后梁。

虽然在此过程中，朱温也滥杀了很多无辜之人，犯下了一些不可饶恕的罪行。但是他也是做出了一些贡献。称帝之后，他实施了一系列安邦定国的措施：努力恢复生产，奖励农耕，与民休息等宽容政策，使得社会得以逐渐稳定下来，百姓的生活得到了很大的改善。

说点局外事

公元 905 年 6 月，朱温在心腹李振与宰相柳璨的蛊惑下，将裴枢、崔远以及独孤损等 30 多名出身于名门望族的大臣都赶到滑州白马驿，然后将他

们全部杀死了。朱温帐下的得力谋士李振，由于多年参加科举考试，一直未能考中，就对裴枢等人恨之入骨。在裴枢等人被杀死之后，他仍然感到意犹未足，于是就对朱温说道："这些人经常说自己是'清流'，我们应当将他们丢进黄河中去，让他们全部都变成'浊流'。"朱温听完之后哈哈大笑，然后命人将那30多名大臣的尸体都扔到了黄河中，制造了耸人听闻的"白马驿事件"。